U0097779
VENUS PUBLISHING CO.
金星出版
命理生活新智慧・叢書

命理生活新智慧·叢書 127

紫微+火象星座

(牡羊座・獅子座・射手座)

算命更準

法雲居士◎著
金星出版社 http://www.venusco555.com
E-mail: venusco555@163.com
法雲居士網址：http://www.fayin777.com
E-mail:fatevenus@yahoo.com.tw

國家圖書館出版品預行編目資料

紫微+火象星座算命更準／法雲居士著，--臺北市：金星出版：紅螞蟻總經銷，2021年 [民110年] 第1版　面；　公分—(命理生活新智慧叢書·127)

ISBN: 978-986-6441-76-9 （平裝）

1.紫微斗數　2.占星術

293.11　110000352

紫微+火象星座 算命更準

作　　者：法雲居士著
發 行 人：袁光明
社　　長：袁靜石
編　　輯：尤雅珍
出版經理：王璟琪
出 版 者：金星出版社
社　　址：台北市南京東路三段201號3樓
電　　話：886-2-23626655•886-2-25630620
傳　　真：886-2-23652425
郵政劃撥：18912942金星出版社帳戶
總 經 銷：紅螞蟻圖書有限公司
地　　址：台北市內湖區舊宗路二段121巷19號
電　　話：(02)27953656(代表號)
網　　址：www.venusco555.com
E-mail　：venusco555@163. com
fatevenus@yahoo.com.tw
法雲居士網址：http://www.fayin777.com
E-mail　：fatevenus@yahoo.com.tw

版　　次：2021年3月第1版
登 記 證：行政院新聞局局版北市業字第653號
法律顧問：郭啟疆律師
定　　價：380　元

ISBN：978-986-6441-76-9 （平裝）

序

這本《紫微＋火象星座　算命最準》是一套四本『星座加紫微』的書中之第二冊。其他還有《紫微＋土象星座　算命最準》、《紫微＋風象星座　算命最準》、《紫微＋水象星座　算命最準》。

十二星座和紫微斗數看命的方法，同樣都是以人出生時、當時天上的星盤為主，來推論人之個性與命運前途的內容的。雖然各自的星曜明稱不一樣，但都是以出生日在黃道上的時間點做為依歸。以春分、夏至、秋分、冬至做為四個定點來分出春、夏、秋、冬的時序。人的性格和運氣會根據時序變化和環境影響而變化起伏。

紫微＋火象星座 算命更準！

這本《**紫微＋火象星座　算命最準**》講的是紫微命格的人又分別是牡羊座、獅子座、射手座的時候，會有什麼特殊的特質及思想，這是好還是壞呢？我們要如何利用本身性格及思想模式的優點，來建造屬於我們自己的成功人生呢？還可以在你結交朋友、尋找合作對象、應徵下屬人員、當你分析人性時，能做有利的參考，這就是這本紫微＋星座的書的最大目的與功能了！

《**紫微＋火象星座　算命最準**》，從每一星座所對應的紫微十九顆星的命格相互影響的細微狀況，兼而影響到處世對應的關係，繼而影響到人的命運。這本書都紀錄的很清楚，以供大家參考。

紫微＋火象星座（牡羊座・獅子座・射手座）

目錄

牡羊座

紫微＋火象星座

算命更準！

紫微＋火象星座

算命更準！

獅子座

紫微＋火象星座
算命更準！

射手座

紫微＋火象星座

算命更準！

（3 月 21 日 ~4 月 20 日）

牡羊座．星座探秘

●位次與主管事項：位於第一宮。
主管性格、喜好、健康、身材、外表、領先、生命、形象、領導等。

●精神能力與特質
具有強力熱情和立即行動的能力，大膽、愛冒險。
本性樂觀的自信家。好強又自豪。
牡羊座的人有進取心，勇氣、鬥志、高度的容忍性。
心中有理想，必勇往直前，有拓荒先鋒精神。
會一見鍾情，是瞄準獵物的愛情獵人。
會主導愛情。
討厭彎曲，正義感強。火爆、粗率。

●戀愛速配對象
第一名：獅子座、處女座
第二名：金牛座、摩羯座、牡羊座

●誕生石及幸運色及飾品
誕生石：紅寶石
幸運色：紅色
幸運飾品：銅製飾品、機械類。

●幸運旅行國家及城市
所屬國家與城市：英國、法國、波蘭、義大利、德國、丹麥、那不勒斯、佛羅倫斯。

紫微＋火象星座（牡羊座・獅子座・射手座）

牡羊座（3月21日至4月20日）

牡羊座＋紫微命格的人

命運特質

這個牡羊星座的『紫微』坐命者屬於氣候是三陽開泰的溫暖又主生發的日子，草木茂盛，欣欣向榮的時節，紫微屬土，故帶有生氣。會朝氣蓬勃，也會穩重、受人尊重。雖然仍有些固執、保守、自信心強，但會很有創造力、行動力，更喜歡掌權，主導事物。此人常常有許多小確幸。

（牡羊座・紫微）的人，做事衝動、急躁，但很少遇到別人不給面子的事。師長、長官也會幫他掩蓋。

戀愛運

（牡羊座・紫微）的人，他們也是戀愛獵人，較重視肉慾性愛。男女都是型男美女。你們有些自豪高傲，更是外貌協會的一族，會主導愛情發展。你們相信一見鍾情的愛情。

紫微＋火象星座 算命更準！

金錢運

（牡羊座・紫微）的人，有極佳的金錢運。但不一定會存錢，有時衝動購物，花費很大，做公務員或薪水族，衣食無憂。

事業運

（牡羊座・紫微）的人，在工作運程上算富足，可做公務員或大機構上班。能主管機構分部。成為大老闆的機率很少，因為你們會把衝勁花在玩樂或戀愛的時間多，雖然你們也好鬥爭，但重點是你們總是選擇小確幸的生活快樂，因此事業的發展不大。

健康運

（牡羊座・紫微）的人，在健康運上蠻健康的，偶而小感冒或腸胃、消化道的小毛病，你會找名醫診治。但要小心心臟病、心血管疾病、高血壓、腦溢血、中風等問題，或耳病、手足傷災。

磁場相合的星座與命格

（獅子座・武曲） ❤❤❤❤❤

（處女座・天府） ❤❤❤❤

（摩羯座・天相） ❤❤❤❤

（射手座・貪狼） ❤❤❤❤

不想與其溝通的星座與命格

（天蠍座・破軍）

（天蠍座・破軍）的人很好鬥爭強，（牡羊座・紫微）的人，彼此看不慣。

牡羊座＋紫府命格的人

命運特質

牡羊座的『紫微．天府』坐命者，簡稱（牡羊座．紫府）的人，生於春暖木氣重之時，紫微及天府都屬土，剛好可植木蒔花。這種土是有用之土。因此此命格會很穩重，又有用，財運還不錯。會努力工作打拼、做事認真，自己會設定目標，達成人生所設定的成就。

（牡羊座．紫府）的人，會在龍年及狗年有『爆發運』。能得大財富。此命格的人，主貴的機會少，因為他們多半沒有『陽梁昌祿』格，所以對唸書的興趣缺缺。但喜歡賺錢。

戀愛運

（牡羊座．紫府）的人，性格衝動，戀愛次數與結婚次數應是所有星座之冠。你們迷信一見鍾情的人。你們會利用戀愛獵人的技巧，強攻你的獵物。但到手後才發覺彼此價值觀與性格差很多，並且他也不像你一樣愛賺錢及愛工作。這是最讓你覺得頹喪的了。

（牡羊座．紫府）的人，容易婚姻不美，雖然你不想承認，但你仍感覺得到，戀愛對象多是看著你的能力及錢財而來的，令你寒心。

金錢運

（牡羊座．紫府）的人，金錢運太好。因為你們喜歡工作與對金錢的敏感力很強，還有七年一次的爆發運。因此你們很會靈活賺錢和運用錢財。你們也會把錢財存在房地產上。老年時可靠收租過活。

事業運

（牡羊座‧紫府）的人，很有幹勁，不怕辛勞與挑戰，很多超商的店長或初階的管理人員會是這種命格。你們適合做零售業、仲介業、買賣業，能迅速入帳在口袋的行業。你們還有爆發運，可發大財。但是你們只有中等財富。無法成為集團大老闆，因為缺乏『主貴』格局，即使機運再好，智慧與格局仍不足，這是較遺憾的事。

健康運

（牡羊座‧紫府）的人，健康不錯。但必須小心膀胱、脾臟等問題。還有耳病。或淋巴系統的問題。也要小心乳癌，或生殖系統的毛病。

磁場相合的星座與命格

（獅子座‧廉殺） ♥♥♥♥♥

（射手座‧武府） ♥♥♥♥

（處女座‧天府） ♥♥♥♥

（摩羯座‧七殺） ♥♥♥♥

不想與其溝通的星座與命格

（獅子座‧破軍）

（天蠍座‧破軍）的人陰險又愛破財，（牡羊座‧紫府）的人太小氣，價值觀不同，彼此看不慣。

牡羊座＋紫相命格的人

命運特質

牡羊座的『紫微・天相』坐命者，生在牡羊座，是木氣較重的春天，紫微屬土，天相福星屬水，雙星都受到剋制。但對此命格的人來說，是好的。他們會奮發、積極。其人外型依然乖巧、體面，但會抱怨少一點，努力多一點。也會比較靈活，不特別頑固了。他們凡事有自己看法。因為性格較衝動，想到就會立刻去做，反叛現實的情形較少了。也因此愛後悔的狀況也少了。一般講起來，此命格的人是同命格中運氣算最好的。

牡羊座的『紫相』坐命者，理想依然高超，雖有時會不切實際，但他隨時會修正。和上司、老闆合不來的情形仍有，但如果那工作是他所喜歡的，他會忍耐。雖然他性格急躁、自信心強，又極俱佔有慾，但他們很愛打拼，創造力及財運都好，所以成功的機會是比其他人大得多。

戀愛運

（牡羊座・紫相）的人，有特殊的氣質，氣派，討喜、桃花強，長輩及平被都喜歡他。但他卻怕長輩管，會躲避長輩。他們對於自己喜歡的對象會積極追求，但戀愛手段很粗糙，會在不斷的戀愛歷程中學習成長。他們其實仍然不了解異性，仍然是個外貌協會的人。婚後被配偶嫌棄他也不在意。他會頑固不改，但你們最適合的對象就是破軍坐命的人，這樣才會與你相合。

紫微＋火象星座
算命更準！

金錢運

（牡羊座・紫相）的人，財運一級棒。很容易有賺錢的機會，也會存錢。有時他會在混亂的環境中賺錢。但不一定存得住。因為總是有父母、家人或朋友需要幫忙。他天生喜歡生活享受，在不斷打拼中仍能平衡的對自己好一些。

事業運

（牡羊座・紫相）的人，在工作運方面必需靠多重經營規劃，事業才能發展。他們的理想和願望修正變化的速度很快。此命格的人，性格開朗，喜歡新鮮與創造力強的東西。所以他們也能開拓良好的事業運。並且可橫跨不同業別，經由他們的努力，也會創造出新產業出來。不過他們多半做與修理、復建、重組有關的行業。

健康運

（牡羊座・紫相）的人，在健康良好。但要小心糖尿病、淋巴癌及膀胱方面的毛病。或水道系統的問題。

磁場相合的星座與命格

（獅子座・破軍） ♥♥♥♥

（射手座・武相） ♥♥♥

（天蠍座・天府） ♥♥♥

（獅子座・廉貞） ♥♥♥

不想與其溝通的星座與命格

（雙魚座・廉破）

（雙魚座・廉破）的人計謀太多太爛，（牡羊座・紫相）的人喜歡創意及衣食，彼此不對盤，彼此看不慣。

牡羊座＋紫貪命格的人

命運特質

（牡羊座・紫貪）的人，紫微屬土，貪狼五行屬木，其本命就有點相剋，生於牡羊座，木氣重，貪狼較強。所以此命格的人，人緣特佳，桃花強，紫微復建的力量較弱。

此星座的『紫貪』坐命者，魅力十足，是獵豔能手，行動力強。自己也條件好，有迷人的身材，為人性感，桃花運特別多。一生運氣特佳。但要小心因桃花誤事。

（牡羊座・紫貪）的人，如果生日靠近金牛座。火重一點，就容易有『火貪格』及『鈴貪格』。會有爆發運，財富及升官的機會會變大。

（牡羊座・紫貪）的人，是好色的人。你更會用獵豔技巧找到好配偶。配偶會幫你升官發財。你的豔遇很多，但運氣始終很好。也可能老婆一直換，但桃花運太多，會損害自己的前程。

戀愛運

（牡羊座・紫貪）的人，豔遇太多，同時他們自己又是獵豔能手。同時擁有多名情人，是常有之事。因為他們花費大，最後會選擇一位對他最有幫助的人，為主要情人。做配偶則是要選經濟能力好，又同時具有性愛能力的人。此命格的人也是以性慾為主的戀愛。

金錢運

（牡羊座・紫貪）的人，是毫無理財能力的人，金錢運有些差。本性衝動，桃花重，愛享受等原因，他們賺得不多，花得卻不少，解決財運問題是他們當務之急。故而會為自己找一個能理財的配偶。若有爆發運的人才會有大財富。

事業運

（牡羊座・紫貪）的人，在事業運方面，做軍警業較佳，易升官。做文職無發展。桃花運強的人，工作運不佳，也會因桃花敗事，有官司之事。有爆發運的人易有升官、升職之機會，亦會爆發財運。成為富翁之人，但財運不長久，大約兩、三年後會爆落。

健康運

（牡羊座・紫貪）的人，身體健康，但要小心高血壓、心臟病等，以及耳病、大腸的毛病、便秘、性病。

磁場相合的星座與命格

（獅子座・天府）❤❤❤❤❤
（牡羊座・天相）❤❤❤❤
（射手座・武曲）❤❤❤❤
（獅子座・七殺）❤❤❤❤

不想與其溝通的星座與命格

（雙魚座・天機）☃

（雙魚座・天機）的人公主及王子病太重，愛耍小聰明，（牡羊座・紫貪）的人，覺得太難侍候，懶得理他。

牡羊座＋紫殺命格的人

命運特質

（牡羊座・紫殺）的人，此星座的『紫殺』坐命者，是春季木氣重的人。紫微屬土，七殺屬火金，故紫殺是受剋的。此命格的人會勞碌不已，性格衝動，雖多做，但常有意外財運。也特別聰明，愛學習新事物。這是所有紫殺命格中學習能力最強的人。

（牡羊座・紫殺）的人，有苦幹的精神，也有爆發運。天生口才好，但有些驕傲，對自己不感興趣的人、事、物和話題視若無睹，很冷淡及沉默。根本毫無感覺。此命格的人對有興趣的事物很健談，個性強硬直接。

戀愛運

（牡羊座・紫殺）的人，選擇配偶會挑選個性乖巧、懦弱的人。他們常以自我為中心，生於牡羊座更是如此。喜歡另一半能依附於他。更喜歡一言九鼎的命令直達。他們的配偶多半是個子矮小又胸脯大的女性。若是女子，會嫁給個性懦弱的全都好先生。

金錢運

（牡羊座・紫殺）的人，財帛宮是『武貪』，本身就是『爆發運』格局，又生於牡羊座，行動很積極，賺錢運很強。會在牛年、羊年有爆發運，能得大財富。因為天生財運好，會負擔養很多家人生計，或養配偶的家人。他們也常有意外的財運，更能積蓄錢財。

事業運

（牡羊座・紫殺）的人，在事業運方面，會做品項雜亂或複雜、粗重的工作。此命格的人是勢力眼的，對賺錢不多的事會懶惰。對賺錢多的事立馬勤快起來。較愛有官位的工作。例如組長、主任、廠長之類，無法做個螺絲釘。此命格的人做文職會窮，會賺不到錢。做武職（軍警職）、或開設工廠會升官發財。也有一些會做房地產仲介，或保險仲介的人，凡是競爭激烈、勞心勞力的工作，對他們來說，都是發大財的機會。

健康運

（牡羊座・紫殺）的人，身體強壯，骨骼硬挺。但要小心膀胱、尿道、眼目、淋巴系統、以及生殖系統的毛病。或乳癌、下腹部的問題。

磁場相合的星座與命格

（獅子座・天府）❤❤❤❤❤
（射手座・廉府）❤❤❤❤
（雙魚座・天府）❤❤❤❤
（金牛座・廉相）❤❤❤❤

不想與其溝通的星座與命格

（天蠍座・武破）

（摩羯座・武殺）的人個性強硬，一板一眼。（牡羊座・紫殺）的人和他在一起，像兩把刀互磨，無法投機，彼此看不慣。

牡羊座＋紫破命格的人

命運特質

（牡羊座・紫破）的人，生於牡羊座春季木氣重之時節，紫微屬土，破軍屬水。木既剋土，又會吸水。故此星座的『紫破』坐命者，也是受剋的人。他們會凡事衝動，大膽、肯打拼，自信心強，不認輸。常處於開創格局的狀態。

（牡羊座・紫破）的人，因為被木剋制，紫微的復建能力也不好。破軍的開創能力也受限。雖然常衝動行事，但三分鐘熱度，很快便冷淡下來。人生起起伏伏。他常對四周環境有無力感，與人易有是非。他們慾望多，生活比較放縱，但經濟能力卻未必佳。

（牡羊座・紫破）的人，雖愛理財，但賺錢能力卻不行。本身吝嗇，會把錢花在桃花事件與自身的享受上。

戀愛運

（牡羊座・紫破）的人，是戀愛獵人的高手。很會挑選戀愛對象，但運氣常不好，無法遇到自己想像中的靈魂伴侶。或是自以為遇到了，又發覺完全不是那麼回事。他們會在愛情漩渦中鑽來鑽去。多次婚姻紀錄，會讓他們成長。他們的戀愛也常和人生起落有關，總是高高低低很辛苦的，不算順利。

金錢運

（牡羊座・紫破）的人，生於丑、

紫微＋火象星座
算命更準！

寅、未、申的時間才可能有偏財運。一般來說多半是沒有偏財運的。他們多半是藍領階級的人，大都賺辛苦錢。他們的理財計帳能力不佳，凡事耗費多，又喜買精美物品，不計貴奢。在花錢方面無度，因此常鬧窮。

事業運

（牡羊座・紫破）的人，如果有文昌或文曲在命、遷二宮，就會長相美麗斯文，易做文職，會是『窮儒』色彩的人。在事業工作方面，投資與理財與計帳的能力不佳，適合走政治圈或軍警業，能升到高職位。有些偏不信邪的人要做生意，那就是要與自已過不去，最終會失敗的很慘。不但損失錢財，人生也慘敗，甚或家破人亡。他們也常做沒有職稱的工作。

健康運

（牡羊座・紫破）的人，年輕時身體健康，中年後有病，要小心糖尿病、脾臟、胃病，或淋巴系統的毛病。

磁場相合的星座與命格

（獅子座　廉相）♥♥♥♥♥
（金牛座：武相）♥♥♥♥
（天蠍座・天相）♥♥♥♥
（射手座・天梁）♥♥♥♥

不想與其溝通的星座與命格

（獅子座・天機）

（獅子座・天機）的人是非太多，專挑別人的弱點說。（牡羊座・紫破）的人太愛面子，彼此看不慣。

牡羊座＋天機命格的人

命運特質

（牡羊座‧天機）的人，天機五行屬木，是生於春季木氣重的時節。因此天機極旺。此命格的人，極為聰明，學習能力強。性格衝動，做事勤奮，性急，在讀書和競爭上的運氣是不錯的。

（牡羊座‧天機）的人，是創造力強的人，性格變化很快，忽喜忽憂。一生運氣也會起起伏伏。命格中有『陽梁昌祿格』的人，會在讀書及事業上有成就。無貴格的人，只是一般保守的上班族。此命格的人不適合做生意，他們只會朝九晚五，無法真正勤奮上班。他們喜歡固定的生活作息，以為這樣就是勤奮了。他們都有多金的父母，生活無虞，故無須太辛苦打拼。

戀愛運

（牡羊座‧天機）的人，在戀愛方面是隨機制的戀愛獵人，大而化之的狩獵愛情。他們會找有點傻呼呼的戀愛對象來狩獵。這人一定要受得住折騰，性格夠寬容，這樣才會有戀愛感覺。無理取鬧的試探、怪異行徑的反復試驗，都見怪不怪了，才會結婚。他會帶著豐厚家財來結婚的。雖在戀愛上多是非。婚後搞怪的是非會較少。

金錢運

（牡羊座‧天機）的人，在財運上

穩定。因為有多金的父母，會供給他們金援。所以他們從不積極賺錢。此命格的人有偏財運、爆發運的人也少。父母若過逝，會有遺產可收。一生靠父母及退休金生活無虞。

事業運

（牡羊座・天機）的人，在事業運上通常也只是大機構上班或公務員，過薪水族生活。生平無大志，亦不想太辛苦。或在家族事業中工作，是天生鏍絲釘人物的人生。有些也會做教師、職員。

健康運

（牡羊座・天機）的人，身體健康，會有手足傷，和頭臉有破相。但要小心肝、腎、肺部及大腸的毛病。也要小心性無能的問題。

磁場相合的星座與命格

（獅子座・陽巨）♥♥♥♥♥

（射手座・巨門）♥♥♥♥

（金牛座・天梁）♥♥♥♥

（牡羊座・機巨）♥♥♥♥

不想與其溝通的星座與命格

（天蠍座・七殺）

（天蠍座・七殺）的人性格兇、愛管人，討厭愛耍小聰明的人。（牡羊座・天機）的人常被罵，彼此看不慣。

牡羊座＋機陰命格的人

命運特質

（牡羊座・天機、太陰）的人，生於牡羊座春季木氣重之時節，天機屬木很旺，更加聰明，運氣的變動更大。太陰屬水，被木氣吸，較弱。故會敏感性不強。此命格的人，是個驛馬超強的人，人生的變動很大。他自己也很喜歡變化及移動。所以人生會不安定。常搬家、換工作，或城市間的移動，更喜歡出國。喜歡人生有更多不同的變化。因此其人的身份也常變化。

（牡羊座・機陰）的人，是性格衝動的人，但又易一會兒陰、一會兒晴，使人弄不清其情緒變化。搞不清他到底是喜是憂？他們做事也是三心二意的，並不是很有主見的人。此命格的人做上班族較好，比較不必負太大的責任。也可隨運氣變化而成就上上下下。有貴格的人，會到外地讀書，衣錦還鄉。但要多小心車禍傷災！

戀愛運

（牡羊座・機陰）的人，喜歡談變化多的戀愛。也喜歡找不同的異性試驗戀愛技巧。又常會鬧情緒，故常更換戀人。他們是具有王子病及公主病的人，真正需要寬大為懷的人做佩偶。最後他們總是能找到能容忍他們的配偶。應該大多選太陽或天同坐命的人來戀愛或結婚較好。

紫微＋火象星座
算命更準！

金錢運

（牡羊座・機陰）的人，在財運上是薪水格局。必須要天天上班領薪水才能過日子。若父母較有錢，會照顧他們。若做生意維生，會不穩定了。由其此星座的人萬不可做生意。否則必有敗局。

事業運

（牡羊座・機陰）的人，在工作方面，多半是熟人或長輩介紹的。他們很容易有貴格，即使文昌陷落了，也會用運動得到高學歷，及高端工作。升職、升官會有貴人照顧。但不易成為大企業老闆。滾石不生苔，常因變換工作，或東跑西跑的，常從新開始，甚至變換業種跨行，事業運難以累積。

健康運

（牡羊座・機陰）的人，健康很好，但要小心胃部、脾臟的問題，以及性生活方面、車禍的問題。

磁場相合的星座與命格

（獅子座・太陽）♥♥♥♥♥
（射手座・天同）♥♥♥♥
（金牛座・天同）♥♥♥♥
（射手座・巨門）♥♥♥♥

不想與其溝通的星座與命格

（雙魚座・廉破）☃

（雙魚座・廉破）的人脾氣壞又任性，（牡羊座・機陰）的人也看傻了，彼此看不慣。

牡羊座＋機梁命格的人

命運特質

（牡羊座・天機、天梁）的人，天機屬木，天梁屬土，本身就木土相剋，生於牡羊座春季木氣旺之時節，天機會旺一些，腦子聰明一些，天梁被木剋，復建的力量很弱。他會為人做軍師出主意，但不負責。

（牡羊座・機梁）的人，性格衝動、口才好，善辯，喜做上班族，不喜負責任。有些在家族事業中工作。此命格的人蔭庇不強，也不喜人管。長輩及上司、老闆雖喜愛他們。他們會躲。他們易遭壞朋友引誘，常遭騙或吃虧。這正是半年運氣好、半年運氣壞的命格。

戀愛運

（牡羊座・機梁）的人，自己很愛說話，也喜歡口才好、幽默，愛聊天的人。他們是戀愛獵人，會主動狩獵愛情。遇到喜歡的對象就主動攻擊，戰無不克。但婚後總是吵吵鬧鬧的過日子，那也無所謂。如果有金錢問題，就會吵到分手。

金錢運

（牡羊座・機梁）的人，在財運上是固定的上班族收入。有時有意外之財，父母、老闆、上司有時會給錢或給加班費。此命格的人還有在牛年、羊年的『武貪格』爆發運，會一夜致富。蔭庇強的話，有家產可分。

紫微＋火象星座
算命更準！

事業運

（牡羊座．機梁）的人，是『機月同梁』格，標準的薪水族、上班族。通常他們不愛負責任，但會性格衝動，一時興起要做生意，或與他人合夥。但也要三思，常會和人合夥做生意而吃虧倒閉，因此不適合自己開業做生意。若在家族企業上班，勉強應付工作，凡事光說不練，不行動。你適合做與口才有關、動口不動手的工作。例如訓練員工、銷售員、保險員等。如果有化權在命宮的人，會既愛管理公司，也成就大。

健康運

（牡羊座．機梁）的人，健康很好。但要小心脾胃的毛病，以及肝膽、手足傷、臉面有破相等問題。也要小心火氣大、腸部便秘、糖尿病的問題。更要小心車禍及傷災問題。

磁場相合的星座與命格

（獅子座．陽巨）♥♥♥♥♥
（射手座．巨門）♥♥♥♥
（金牛座．太陰）♥♥♥♥
（雙魚座．太同）♥♥♥♥

不想與其溝通的星座與命格

（獅子座．廉破）

（獅子座．廉破）的人個性豪放愛表現，（牡羊座．機梁）的人希望找到善於言談的靈魂伴侶，相互沒有交集點，價值觀也不同，彼此看不慣。

牡羊座+機巨命格的人

命運特質

（牡羊座・天機、巨門）的人，天機屬木，巨門屬水，生於牡羊座春天木氣旺之時，天機超旺，巨門被剋。因此會頭腦靈活、智慧高、性格驕傲、個性古怪的人。個性很衝動、運氣也特佳。容易有『陽梁昌祿格』的貴格，會具有高學歷及極高成就。在學術機構發展、或做武職軍警業，也能做公務員，可任高官。他們大多有很好的家世背景。

（牡羊座・機巨）的人，是此命格中口才差的，但是非卻不少，而且缺乏貴人，必須全靠自己努力，非常辛苦。不過經過努力之後，其人的成就也會很高。

另一些的（牡羊座・機巨）的人，既沒有貴格，也沒有公務員資格的人，會落在民營機構或打工維生，成就自然不高了。機巨坐命的人必須具備高知識水準，人生才會過得好。

戀愛運

（牡羊座・機巨）的人，戀愛運不佳。他是古怪的戀愛獵人，每個戀人都是經過他精挑細選的對象，才準確的加以追求，但總是過段時間就換一個情人。他們情緒多變，又固執於某些自我設定的條件，例如對方的柔順度、和相合度。他常會挑剔情人的行為舉止，讓戀人受不了而分手。

紫微＋火象星座算命更準！

金錢運

（牡羊座・機巨）的人，其財運是薪水族的財運，智慧很高的他們，會用經濟學或數學方法來賺錢理財，但他們對投資方面很保守，因此會賺不太多。但他們會安穩過生活，衣食無憂。

事業運

（牡羊座・機巨）的人，在工作運上是固定工作的薪水族模式。做公務員或大企業上班，或軍警業，他們能吃苦，肯努力。但必須要有名聲，其事業運才會增高。若在虎年或猴年有『火貪格』爆發運的話，會名揚四海。

健康運

（牡羊座・機巨）的人，健康很好，很強壯。但要小心淋巴系統、血液系統或膀胱、尿道、腎臟、糖尿病、脾臟或地中海貧血等問題。

磁場相合的星座與命格

（獅子座・日月） ♥♥♥♥♥

（射手座・太陰） ♥♥♥♥

（金牛座・天同） ♥♥♥♥

（雙魚座・空宮） ♥♥♥♥

不想與其溝通的星座與命格

（寶瓶座・廉破）

（寶瓶座・廉破）的人更情緒化，反覆無常。（牡羊座・機巨）的人發現他更難搞，真是不同世界的人，彼此看不慣。

牡羊座＋太陽命格的人

命運特質

（牡羊座・太陽）的人，太陽屬丙火，生於牡羊座春季木氣旺之時，木火相生，太陽更旺。因此他會自信心強、性格直爽，說話大聲，性格衝動，不拘小節。吃軟不吃硬。他們的命運特佳，能得長輩扶持。此命格的人要比秋冬出生的人運氣好。做事會積極奮發，成功的機率也大。

（牡羊座・太陽）的人，性格寬大，不計是非，容易原諒別人。內心是正直、坦白而沒有心機。但理財能力較差，命宮中有『化祿』的人很容易從男性朋友身上賺到錢。男性朋友也會依靠你發財。命宮中有『化權』的人。能主導政治而掌權，對男性有支配力。都會是財官雙美的人。命格中有貴格的人才會有高學歷及大事業。

戀愛運

（牡羊座・太陽）的人，戀愛運平淡無奇。雖然他們陽剛氣重，但落落大方，很有擔當，是可靠的配偶對象。但婚後會覺得生活乏味，有些人會外遇尋求愛情。可是他們並不真正能認清愛情，常找尋一圈又回家了。

金錢運

（牡羊座・太陽）的人，其金錢運

常是公務員的薪水之資。或上班族的薪資。通常他們不會做生意，怕麻煩。每月有固定的錢進帳，對他們來說是最好的了。有些人會有家財（父母或祖先留的財產），因此管理這些房地產或銀行存款也生活愜意。

事業運

（牡羊座・太陽）的人，其事業運多半與口才與是非有關。例如做教育界、教師、保險業、廣播員。或律師、法官、宣傳員、或政府官員等。一生事業有起有落。此命格的人必先有名聲，才能得大富貴。

健康運

（牡羊座・太陽）的人，一般身體強壯，但要小心高血壓、心臟病，以及腦中風等的疾病。有些人要小心糖尿病和高血脂、及膽固醇過高的毛病。

磁場相合的星座與命格

（處女座・天梁）❤❤❤❤❤
（摩羯座・天同）❤❤❤❤
（天蠍座・太陰）❤❤❤❤
（雙魚座・巨門）❤❤❤❤

不想與其溝通的星座與命格

（天蠍座・破軍）

（天蠍座・破軍）的人什麼都敢說，膽大妄為（牡羊座・太陽）的人搞不過他，不想跟他鬥，看不慣他。

牡羊座＋陽梁命格的人

命運特質

（牡羊座・太陽、天梁）的人，生於牡羊座春季木氣旺之時，太陽屬火，有木相生，故極旺。天梁屬土，會洩弱。故此命格的人會性格積極，熱愛工作，但蔭庇弱一點。慈愛心也略弱一些。

（牡羊座・陽梁）的人，非常正直，有很強的事業心，會強力打拼，對自己有很大的人生期許。庚年生及辛年生的人有化權或化祿，事業成就會很大。

（牡羊座・陽梁）的人，命格中有貴格的人會有高學歷與成就。但文昌也必須居旺才行。沒有貴格的人，只是一般普通人。

戀愛運

（牡羊座・陽梁）的人，其戀愛是糾纏不清的，你是既主動又被動的。你會狩獵自己喜歡戀人，獵到後又等待他來愛戀與挑逗你，你們喜歡胸大又愛碎嘴撒嬌的人。

金錢運

（牡羊座・陽梁）的人，財運很好，財運多半與房地產有關。也會與銀行有關。你們多半有財多的父母，會有幾棟房子給你們收租。或是能幫你找到高薪的機構呆著。生活無虞快樂。如果命格中有貴格的人，會賺大名聲的錢。

事業運

（牡羊座・陽梁）的人，對事業運很用心，但你們並不在乎職位高低的稱謂，只希望出大名、立大業。通常做慈善事業最好，能多照顧弱勢族群。或是做養生事業、教師，替人解惑。命宮在酉宮的人，適合開跌打損傷的國術館。或算命術士。

（牡羊座・陽梁）的人，命格中有貴格『陽梁昌祿格』的人，必須文昌居旺，才會有高學歷及名揚天下的機會。有貴格但文昌居陷的人，也會有高學歷，但會從事運動、體育行業，揚名不久。

健康運

（牡羊座・陽梁）的人，身體強健，但要小心脾胃及大腸、肺部的問題，高血壓、腦血管的問題、或糖尿病、皮膚病。寅時、巳時、未時生人要小心癌症。

磁場相合的星座與命格

（獅子座・天同）❤❤❤❤❤

（射手座・巨門）❤❤❤❤

（金牛座・太陰）❤❤❤❤

（寶瓶座・同巨）❤❤❤❤

不想與其溝通的星座與命格

（牡羊座・破軍）

（牡羊座・破軍）的人喜歡逗他，（牡羊座・陽梁）的人和他像兩隻羊互牴，彼此的理想與價值觀不同。

牡羊座＋日月命格的人

命運特質

（牡羊座．太陽、太陰）的人，生於牡羊座春季木氣旺之時，太陽屬火，有木相生，故極旺。太陰屬水，會洩弱。此命格的人是個陽剛氣稍重一點，女性化略輕的人。他們容易衝動，但對工作有熱誠也有理想。

（牡羊座．日月）的人，性格較開朗，也略會體貼人。但思想容易反覆，情緒也稍有波動。不過（牡羊座•日月）的人，工作運勢比較好的。

（牡羊座．日月）的人，因為太陰弱一些，性格的陰暗面少一點，在工作上也會突破固定薪水族的窠臼。

戀愛運

（牡羊座．日月）的人，會在工作場所尋找戀人。雖然他們工作時期不長，不過他們會主動出擊追尋自己喜歡的戀人。雖過程坎坷，但還是能找到符合他們條件的對象。

（牡羊座．日月）的人，是性格耿直，愛恨分明的人。愛情很強烈，恨起來也易入骨。但須小心因工作和愛情綁在一起，若不妙時會同時失去。

金錢運

（牡羊座•日月）的人，財運是『機月同梁格』標準財運。但和父母感情不親密，生活會起起伏伏。命格中太陰居弱的話，代表錢財不豐。不過牡羊座的他們能自己賺，生活也還愜意。

事業運

（牡羊座・日月）的人，其工作運算強的，積極奮發力也夠。但缺乏貴人提攜。有貴格的人，會有高學歷，能教書或做研究。此命格的人，多半喜歡學習音樂，最多成為演奏家。沒有貴格的人，對事業沒有企圖心，也沒成就。

健康運

（牡羊座・日月）的人，因為生於春天，身體還可，但要小心有膿瘡之症。還要小心血液的濃度太濃。或血液中有雜質。要小心一切與血液有關的問題。例如地中海型貧血問題。

磁場相合的星座與命格

（獅子座・太陽）♥♥♥♥♥
（射手座・天同）♥♥♥♥
（金牛座・天相）♥♥♥♥
（雙魚座・同巨）♥♥♥♥

不想與其溝通的星座與命格

（雙魚座・廉破）

（雙魚座・廉破）的人個性會撒潑，說話難聽，（牡羊座・日月）需要人哄，與他個性不合，話不投機，彼此看不慣。

牡羊座＋陽巨命格的人

命運特質

（牡羊座・太陽、巨門）的人，生於牡羊座春季木氣旺之時，太陽屬火，故極旺。巨門屬水，故洩弱。此命格的人較喜工作，比較奮發，吹噓的事少一點。廢話也少一點。對人較熱心。遇到感興趣的事，就會參一腳。但對人的幫助不大。只是瞎忙而已。而且容易惹口舌是非。

（牡羊座・陽巨）的人，如果有化祿、化權在命宮的人，會在工作或財運上有成就。其人也會受人重視及討人喜歡。否則只是一個廢話多、多說少做、理想高、好高騖遠的人。也會常衝動的和人辯論吵架，引起混亂是非與禍端。他們凡事都好競爭，命格中有『天刑』要加化祿的人會做法官。

（牡羊座・陽巨）的人，命盤上空宮多，再加上廉破和天相陷落兩個衰運，人生有一半時間在衰運中被浪費掉了。要非常的努力才會有出頭天。

戀愛運

（牡羊座・陽巨）的人，因為生於牡羊座是天生的戀愛獵人，本命帶有陽剛氣，更能主導愛情，選擇自己喜歡對象的強力追求。加上口才好，容易找到溫柔體貼的對象。

金錢運

（牡羊座・陽巨）的人，是財、官二位都弱的人，因此做『機月同梁』格薪水族最好。你們家中不富裕，你只能向外打拼來得財。還好丑、未年有爆發運，可好好把握。其他時間，你也多半打混過日子，要小心財來財去。

事業運

（牡羊座・陽巨）的人，官祿宮是空宮，事業運不強。命宮有化權及祿星的人會有工作成就。有天刑的人會做法官。一般人多半會做保險經紀、老師、律師、解說員、教育訓練員、接線生、司法人員、醫護員，因為口才好之故。

健康運

（牡羊座・陽巨）的人，大都健康，但中年以後要小心病痛。要小心膿瘡之症、開刀、淋巴系統的毛病、或大腸、肺部、消化系統潰爛、高血壓、心臟病、惡性貧血等。

磁場相合的星座與命格

（獅子座・天同）♥♥♥♥♥
（射手座・太陰）♥♥♥♥
（金牛座・同陰）♥♥♥♥
（雙魚座・天相）♥♥♥♥

不想與其溝通的星座與命格

（處女座・武殺）

（處女座・武殺）的人性格保守剛硬，（牡羊座・陽巨）的人多話，沒營養，會不受重視與理會。相互沒交集。

牡羊座＋武曲命格的人

命運特質

（牡羊座・武曲）的人，因為是生於牡羊座春季木氣旺之時，武曲屬金，生於春天金弱之時，其人會身體較弱、多病。但喜歡學習，性格上喜歡文學。因此他們會知識水準高。學歷也高。

（牡羊座・武曲）的人，性格易衝動，怕受激，不夠圓滑。他的臉上會表現出喜怒哀樂，動作迅速。做事勤奮。雖個性剛強，但有時拿不定主意。

（牡羊座・武曲）的人，天生有『武貪格』爆發運，發富的機會較旁人多，十分好運。命格中有貴格的人，會事業有成就，能創建大企業。沒有貴格的人，不主貴，只是一般生意人或軍警業者。

戀愛運

（牡羊座・武曲）的人，他的戀愛實際就是在做戀愛獵人，捕獵戀愛人頭。他們要找能幫助自己發富的人做情人或配偶。十分現實。所以情人或配偶的工作能力、或家世不行，就及早說再見了。他們不希望配偶會依賴他們生活。而且中年以後他們會熱心宗教，對戀愛運很淡泊了。

金錢運

（牡羊座・武曲）的人，財運極好，賺錢輕鬆，但他們總是會用一種較簡單及傳統的方法賺錢。他們天生對金錢敏感，能輕易賺到想要的錢財。雖然他們理財方法較笨拙，仍能簡單儲存到財富。你們擁有爆發運的時間在龍年、狗年，要好好把握，可爆發大財富！

事業運

（牡羊座・武曲）的人，其工作運極強，通常是做大老闆的料。若從軍警職也能升高官、掌大權。富貴是一起的，所以你們會比旁人容易晉升到富翁等級。命格中有貴格的人能創建大企業。一般此命格的人也會做生意人。即使做軍警業的人也會財官雙美。因為牡羊座的奮戰力特強，故此命格的人成功者也多。

健康運

（牡羊座・武曲）的人，健康運稍弱，要小心肺部、支氣管炎、大腸和消化系統的問題，大腸癌、糖尿病及泌尿系統、膀胱等問題。

磁場相合的星座與命格

（獅子座　廉相）❤❤❤❤

（射手座・紫府）❤❤❤

（金牛座・貪狼）❤❤❤

（雙魚座・武貪）❤❤❤

不想與其溝通的星座與命格

（寶瓶座・廉貪）

（寶瓶座・廉貪）的人人緣不佳、財運太差，（牡羊座・武曲）的人害怕窮氣逼人，更怕價值觀不同，彼此看不慣。

牡羊座＋武府命格的人

命運特質

（牡羊座‧武曲、天府）的人，生於牡羊座春季木氣旺之時，武曲金在春天氣弱，天府土在春天受剋。是故此命格生於牡羊座，只有性格衝動，在財運方面會被洩弱。反而不如秋天生的人財富多。但他們會一下子奮發衝動，一下子又緩慢下來，好像有氣無力，堅持不長久。

（牡羊座‧武曲、天府）的人，此命格的人會在存錢儲蓄與生財方面都弱一些。命中有貴格的人少，無貴格的人多。容易是公務員或一般小生意人。一生為生活奔命。但會是有好學精神的人。

戀愛運

（牡羊座‧武府）的人，一生破在婚姻。總會找到和你們思想方式不一樣的人。也會找到價值觀不同的人，讓你們很痛苦，多半以離婚收場。因此一生有多次婚姻也不稀奇。你們容易看錯人，性格又剛直不阿，不肯拐彎，感情的路上容易受傷。如果能裝聾作啞一點，也可白首。

金錢運

（牡羊座‧武府）的人，財運本應很好，但是你們未必能賺到錢及存錢。因為外在的環境辛苦。積攢錢財不容易。雖然你們很摳門，對錢財謹慎。但賺錢不易，花很多腦筋營謀賺錢的事，還是進度趕不上變化。經常是辛苦經營才能積存到一點財富。你們是終身為錢財奔命的人。

事業運

（牡羊座・武府）的人，工作運是極好的，你們還都能找到安穩又賺錢的工作。也會堅持努力去打拼。你們有時作公務員，有時在大企業機構，有時自己經營小生意。因為性格保守的關係，而且吝嗇投資，生意容易做不大。如果命格中財、福二宮有『火貪格』的人，會發大財，成為富翁。

健康運

（牡羊座・武府）的人，身體健康，但要小心肺部、氣管炎、心肺功能和膀胱、生殖系統、大腸癌的毛病，也怕乳癌、下半身寒涼、腹痛等毛病。

磁場相合的星座與命格

（獅子座・七殺） ♥♥♥♥♥
（射手座・破軍） ♥♥♥♥
（金牛座・紫相） ♥♥♥♥
（天秤座・天同） ♥♥♥♥

不想與其溝通的星座與命格

（寶瓶座・機巨）

（寶瓶座・機巨）的人太愛說道理與知識，（牡羊座・武府）的人只愛錢，價值觀不同，彼此看不慣。

牡羊座＋武相命格的人

命運特質

（牡羊座・武相）的人，生於牡羊座春季木氣旺之時，武曲金在春天氣弱受剋，天相屬水，也洩弱。此命格的人會懶洋洋的，時常提不起勁來，但對錢財之事很來勁，立即蘇醒過來。

（牡羊座・武相）的人，愛享福，但金水都被剋，能享福的事少，錢財也會不多，需多花心力去賺才有。一生會為錢財奔忙。

（牡羊座・武相）的人，人生中主要以衣食為主。不太關心別的事。若命格中有貴格，會做與生活有關的官員。人生層次會增高。通常只是小職員或衣食類的生意人。

戀愛運

（牡羊座・武相）的人，常晚婚或不婚。你們對異性不了解，也缺少戀愛的手段，雖然牡羊座是戀愛獵人，你們會太直接的向喜愛的對象告白，常讓人驚愕不已。嚇走了好機會。有些愛享福的人會黏著你，但他們多半是窮人，靠你享福。所以你容易找到不富的配偶，生活辛苦奔忙。

金錢運

（牡羊座・武相）的人，財運小可，手中有小金流，衣食尚可。要賺大錢要拚命。你們有多金的父母，會有家業留傳給你，所以你是現成的富二代。此命格的人有時會懶洋洋，但頗好學。

事業運

（牡羊座・武相）的人，工作運非常好，認真的話，也可做老闆或主管。你們喜歡衣食，可做此類生意。你們愛享福的時間多，打拼的時間短。生於牡羊座的人有時雖很衝動勞碌，容易白忙一場，秋冬時節會事業順利一些。

健康運

（牡羊座・武相）的人，身體健康，好吃的人疾病多。但都要小心脾胃的毛病，糖尿病、火氣重、常感冒、肺部、支氣管炎、大腸癌、便秘、心血管疾病、高血壓等。

磁場相合的星座與命格

（獅子座・天同）♥♥♥♥♥
（射手座・破軍）♥♥♥♥
（金牛座・紫相）♥♥♥♥
（寶瓶座・武府）♥♥♥♥

不想與其溝通的星座與命格

（天蠍座・機陰）

（天蠍座・機陰）的人陰險脾氣怪，（牡羊座・武相）的人懶得應付，彼此看不慣。

牡羊座＋武貪命格的人

命運特質

（牡羊座‧武貪）的人，生於牡羊座春季木氣旺之時，武曲金在春天氣弱受剋，貪狼屬木，極旺。因此此命格的人運氣特佳超出常人。但這種運氣並不一定在財運上，因為財運還稍弱的。故而你可能讀書、做事、人緣都特別順利。

（牡羊座‧武貪）的人，也有爆發運，生於靠近金牛座的人爆發運較強。命格中有貴格的人，能富貴雙美。可做大企業集團負責人。此命格的人衝動、有好財運。會大起大落。爆發運在牛、羊年。

（牡羊座‧武貪）的人，重視家庭和事業，配偶運也好，會幫忙儲存錢財。

戀愛運

（牡羊座‧武貪）的人，會晚婚，因為脾氣有些古怪，是標準戀愛獵人，他們喜歡自己挑人，不喜歡自己來接近他的人。等他認定了，就會不變了。他的眼光很準，配偶肯定會是理財能力極佳的人。

金錢運

（牡羊座‧武貪）的人，性格衝動粗魯，又吝嗇，工作機會多，容易賺錢，但不會理財，很重視重要的人或配偶有理財能力，要幫忙他存錢。牛、羊年是他的爆發年，會大發財富。兔、雞年是爆落年，人生有苦有樂。若有三個大運連續好時，億萬富翁非他莫屬。牡羊座的億萬富翁人數不多。因為主運氣不主財。而且衝動易漏財。

事業運

（牡羊座・武貪）的人，事業運是好運很多，辛苦不多。但很忙碌，跑來跑去的，爆發運在牛、羊年，先爆發在事業上再轉而發大財。你們勇於投資，日日期待爆發運的降臨，這是你們一生能成功的原因。有貴格的人，事業會是國際級的。

健康運

（牡羊座・武貪）的人，身體極佳。但要小心肺部、支氣管炎、大腸、消化系統的問題，以及心臟病、高血壓，頭痛症。還有四肢酸痛的問題。

磁場相合的星座與命格

（獅子座・紫殺）♥♥♥♥♥
（射手座・天同）♥♥♥♥
（金牛座・太陰）♥♥♥♥
（寶瓶座・武曲）♥♥♥♥

不想與其溝通的星座與命格

（雙魚座・同巨）

（雙魚座・同巨）的人是非多又愛說嘴、耍沒用的小聰明，（牡羊座・武貪）的人脾氣爽直，討厭暗地裡勾心鬥角，彼此看不慣。

牡羊座＋武殺命格的人

命運特質

（牡羊座‧武殺）的人，生於牡羊座春季木氣旺之時，武曲金在春天氣弱受剋，七殺也屬金，也受剋。故此命格的人，是有時是衝動型的，有時會懶洋洋的。但會喜歡學習。命格中有貴格的人，會讀書學歷高、事業有成。

（牡羊座‧武殺）的人，脾氣硬，性格剛毅。必須經過千辛萬苦地打拼，才會有成就。坐命卯宮的人會打拼，得財也較多。酉宮坐命的人打拼力不足，財富較少。因為坐命卯宮的人在命格中有『日月居旺』格局。運氣較好。

（牡羊座‧武殺）的人，一生打拼，從武職（軍警業）會有高官厚祿。從文職財官不豐。理財能力不好，人生命運在中年必有起伏，要忍耐渡過。

戀愛運

（牡羊座‧武殺）的人，其人的戀愛運很順利。一定會找到一個能幫忙你的好幫手。你在感情世界很穩定。看到自己喜歡的對象就一眼認定了，毫不後悔。對方也是個乖巧董事，能對你惺惺相惜的人。

金錢運

（牡羊座‧武殺）的人，的金錢運不算好，手邊能使用的錢財很少。武殺坐命者是一個大將軍，必須外出爭戰才有功勞財富，因此沒有外出打拼爭戰就沒有功勞財富。做文職的人也薪資財少。故而他們會為人吝嗇小氣，平常捨不得花錢，生活節儉，但有時會被人騙去大筆金錢，痛恨不已。

事業運

（牡羊座・武殺）的人，工作運極佳，能做別人不肯做的事。努力辛苦、可做到高級官員或將領的職務。你們對錢財並不看重，看中的是名聲和功勞，所以你們會奮力追求高官職務為人生最高的目標。

健康運

（牡羊座・武殺）的人，健康良好。但要小心膀胱、大腸、生殖系統、及下腹部寒涼的問題。女性也要小心乳癌、卵巢、子宮等問題。男性要小心輸精管、尿道、攝護腺等問題。

磁場相合的星座與命格

（獅子座・紫府）♥♥♥♥♥
（射手座・紫破）♥♥♥♥
（金牛座・天府）♥♥♥♥
（寶瓶座・武府）♥♥♥♥

不想與其溝通的星座與命格

（雙魚座・巨門）

（雙魚座・巨門）的人非常情緒化，口才犀利厲害，（牡羊座・武殺）的人敵不過他，彼此看不慣。

牡羊座＋武破命格的人

命運特質

（牡羊座．武曲、破軍）坐命的人，生於牡羊座春季木氣旺之時，武曲金在春天氣弱受剋，破軍屬水被吸。故你們會有時衝動，有時懶洋洋。但會好學。因為八字中會含木的關係。你們會外型帥氣挺拔，說話少、很沖。

（牡羊座．武破）的人，是性格衝動直爽、命運是開創格局，但生於牡羊座，就會有點懶洋洋的。不過秋冬時節你們還是奮發努力。你適合做武職軍警業能建造大功業，也能得到獎金。做文職會貧窮困頓，有志難伸。

（牡羊座．武破）的人，人生總有一破，有的破在身體，有的破在家庭或感情，有的破在錢財事業。有宗教信仰能平復瘡傷。

戀愛運

（牡羊座．武破）的人，是外貌協會，喜歡美麗的人。卻不瞭解自己的感情內涵，常有露水姻緣和二婚、三婚，是毫不忌諱的人。雖然你們是愛情獵人，但也經常放任自己成為別人的獵物，有時還沾沾自喜。真正要找到相知相惜的人也不容易。

金錢運

（牡羊座．武破）的人，財運是辛苦所得。武職軍警業會支持你固定花費。否則只能做體力活才會賺錢較多。若夫、官二位有偏財運的人，能得大財富，不過會婚姻不美。因為會有火、鈴在夫妻宮或官祿宮，並且人生大起大落很明顯。

事業運

（牡羊座・武破）的人，在工作運上極佳，但會做大膽、超級體力付出，或危險且要智力付出的情報蒐集人員，做軍警業可做大官及最高領導人。適合拓展業務、或為辛苦危險的救難工作。做文職會窮苦困頓。做體力活及危險的工作會賺得多。

健康運

（牡羊座・武破）的人，還算健康，要小心糖尿病、脾胃、內分泌及淋巴系統的病症。結石、傷災及車禍等。

磁場相合的星座與命格

（獅子座・紫相）♥♥♥♥♥
（射手座・紫府）♥♥♥♥
（金牛座・天相）♥♥♥♥
（寶瓶座・廉府）♥♥♥♥

不想與其溝通的星座與命格

（雙魚座・巨門）

（雙魚座・巨門）的人太愛唸，（牡羊座・武破）的人受不了，會直接吵架打架，彼此看不慣。

牡羊座＋天同命格的人

命運特質

（牡羊座‧天同）的人，生於牡羊座春季木氣旺之時，天同五行屬水，會被木吸走，故洩弱。此命格的人是外表溫和，脾氣衝動，有時奮發，有時懶洋洋的人。他們會較好學，肝腎較弱，容易奔波辛苦。

（牡羊座‧天同）的人，需懂得惜福與享福，才會真正有福氣。通常不能太勞碌。有些人因愛玩勞碌，更不應該。這樣會減少壽命。此命格的人主要以『享福』的多寡為命運主軸。財福多的，生活用度佳，命好。財福少的，較窮，易早夭。他們還容易被是非口舌所糾纏，福星的人很有耐心去解決它。而且可化戾氣為祥和。命格中有天同化權的人，更可黃袍加身而主貴。可撿來一個高官顯貴來做。

戀愛運

（牡羊座‧天同）的人，通常其戀愛運都是等別人來追他，但牡羊座的人不會，你們是戀愛獵人，喜歡自己瞄準選擇美麗聰明的對象。你們也害怕被人抓到弱點或控制，更擔心被人要脅，恐怖情人的麻煩也時時會威脅著你們。

金錢運

（牡羊座‧天同）的人，財運普通，有蔭庇的人有父母長輩給錢花。有工作的自己賺。你們是薪水族格局的人，注重生活愜意、輕鬆。是名符其實的『事少、錢多、離家近』的族群。

事業運

（牡羊座・天同）的人，一般命格人會做固定薪水的工作。命格中有『天同化祿』的人，人緣好，財路廣，會做業務推廣的工作。命格中有『天同化權』的人，會做大老闆。是別人送給他做的正所謂『黃袍加身』。此命格的人很能調解糾紛，如果企業股東中有糾紛，你是最好的調解人。因此你也很容易見縫插針，成為掌權的合夥人。不過你要有能力經營與控制企業機構的營運才行。

健康運

（牡羊座・天同）的人，大致健康，但要小心肺部、支氣管炎、大腸、免疫能力下降、糖尿病、皮膚病、肝腎、腰痠背痛、四肢無力等問題。

磁場相合的星座與命格

（獅子座・紫相）❤❤❤❤

（射手座・天府）❤❤❤

（金牛座・天梁）❤❤❤

（寶瓶座・陽梁）❤❤❤

不想與其溝通的星座與命格

（金牛座・武破）⛄

（金牛座・武破）的人吝嗇又兇，（牡羊座・天同）的人雖溫和、內心衝動想爆發，不想被欺負，會反抗，彼此看不慣。

紫微＋火象星座 算命更準！

牡羊座＋同陰命格的人

命運特質

（牡羊座•天同、太陰）的人，生於牡羊座春季木氣旺之時，天同和太陰五行屬水，會被木吸走，故洩弱。故此命格的人有時很衝動，有時會懶洋洋的，內心容易煩亂，想得多。有時衝動做一下又停下來了。你們喜歡享福和談戀愛。時常為情所苦。通常同陰坐命者在戀愛上是被動的，但牡羊座的你們確是獵愛獵人很主動。會自己尋找獵物。當然這也增加了戀愛上的煩憂。

（牡羊座•同陰）的人，命格中有貴格的人，會有平順的人生和成就。女的能嫁貴夫，男性能娶貴妻，成為富貴人家的女婿。此命格的人，一生還有偏財運，丑、未年是大發之年。

戀愛運

（牡羊座•同陰）的人，喜歡戀愛，以戀愛為終身職志。牡羊座的你們喜歡做戀愛獵人，但要小心狩獵！否則碰上恐怖情人或窮命的對象，得不償失。你們的財富也往往來自戀愛對象。所以戀愛是你們的命運共同體。

金錢運

（牡羊座•同陰）的人，財運是薪水族的格局。是按月得財的。有些人要工作領工資、或做公務員，職員。有些人做小三，也是領工資的。你們牛、羊年有爆發運，會多得財富。平常會有長輩及財多的親友用金錢資助你們。因此你們不缺錢，很好運。

事業運

（牡羊座・同陰）的人，工作運是薪水族的格局。做公務員或職員拿薪水，生活愜意。如果命格中有化權、化祿的人，可有大事業。有『陽梁昌祿』格的人，可做到政府官員。有『馬頭帶箭』格的人，能做法官、法務部長、大將軍，威震沙場。

健康運

（牡羊座・同陰）的人，身體健康。要小心肝腎的問題、眼睛不好，肺部及大腸問題。以及手足之災，還有傷風感冒、膀胱、乳癌、生殖系統的問題。

磁場相合的星座與命格

（獅子座・太陽）♥♥♥♥♥

（射手座・機梁）♥♥♥♥

（金牛座・陽梁）♥♥♥♥

（寶瓶座・巨門）♥♥♥♥

不想與其溝通的星座與命格

（天秤座・同巨）

（天秤座・同巨）的人很會酸別人，（牡羊座・同陰）的人有公主病，無法忍受，彼此看不慣。

牡羊座＋同梁命格的人

命運特質

（牡羊座•天同、天梁）的人，生於牡羊座春季木氣旺之時，天同五行屬水，會被木吸走，故洩弱。天梁屬土，在春天也氣弱受剋。故此命格的人，也多半時間是懶洋洋的，衝動奮發的時間少。但你們會好學，有的人易有貴格，反倒會人生有成就，只是有些辛苦罷了。

（牡羊座•同梁）的人，喜歡聊天。溫和又愛管別人家的閒事。在寅宮坐命的人，天梁居廟，很能蔭庇他人，是做里長伯的好料。在申宮坐命的人，天梁陷落，只喜歡自己享福，不愛管他人的事，自己家的事也管不好。你們的口舌事非多。

（牡羊座•同梁）的人，喜歡表現自己的聰明才智，但無法真正對人有貢獻。

戀愛運

（牡羊座•同梁）的人，喜歡頭腦聰明的對象。本身也是戀愛獵人，喜歡親自捕獵心儀對象。因為他們多少有些好吃懶做，會找財力好、會工作的對象做配偶。即使婚後，仍是喜歡外遇的人。

金錢運

（牡羊座•同梁）的人，財運是薪水族格局的財運。家族小康，父母多半是辛苦的公務員或打工族，但你會結交三教九流的朋友，希望能幫助你增加財富。或嫁娶對象帶有財富給你。

事業運

（牡羊座•同梁）的人，做設計或科技類的工作較好，靠聰明才智工作，較有前途。做發明家、教書、或做里長伯。你喜歡擺龍門陣，又喜歡口才好的人，但不喜負責任，因此難當大任。或做董事長的特別助理也不錯。你們不可自己開店或設立公司，以防半途而廢，或倒閉關店。

健康運

（牡羊座•同梁）的人，身體健康，但要小心脾胃的毛病、腎虛、糖尿病、免疫能力失調、大腸、及肺部、氣管炎、感冒等疾病。

磁場相合的星座與命格

（獅子座・太陰）❤❤❤❤❤

（射手座・天機）❤❤❤❤

（金牛座・太陽）❤❤❤❤

（寶瓶座・巨門）❤❤❤❤

不想與其溝通的星座與命格

（雙魚座・廉殺）

（雙魚座•廉殺）的人是既感性又強硬的人，不喜歡與人說無聊的話。（牡羊座•同梁）的人愛閒扯、牽拖、拉關係，彼此看不慣。

牡羊座＋同巨命格的人

命運特質

（牡羊座‧天同、巨門）的人，生於牡羊座春季木氣旺之時，天同和巨門都是五行屬水，會被木吸走，故洩弱。因此此命格的人會身體稍弱，常感冒。會多花錢看病。他們外表溫和，但多惹是非口舌。學習力較強。

（牡羊座‧同巨）的人，愛玩樂，在家中多是非，只有父母對他們好。因為財帛宮及官祿宮都是空宮，不強。丑宮坐命的人，配偶運好，會多金來對你好。此命格的人一生成就平平。有貴格『陽梁昌祿格』及『明珠出海』格的人，會有較富貴的人生。（※『明珠出海』格請參考法雲居士所著《使你升官發財的『陽梁昌祿格』》一書。）

戀愛運

（牡羊座‧同巨）的人，是超級戀愛獵人，既會狩獵戀愛對象，又特別會談戀愛。更會美言哄人，還會結交顯貴，因此會找到好對象。只是配偶仍是個薪水族，一生平淡度日。

金錢運

（牡羊座‧同巨）的人，其人命格的重點不在財運。在於享福的多寡。是故父母及配偶會給錢生活。若自已想賺錢，財、官二位有火星、鈴星進入的，會有偏財運。再則就是薪水族模式。通常你們工作做不長久，會做做停停，或打零工，算是財官不豐的人。

事業運

（牡羊座•同巨）的人，經常會做打零工或臨時幫忙性質的工作。他們會做沒有職稱的工作，是故經歷也不好。因為喜愛玩樂，工作有時盡心有時馬虎，常遭人檢舉或詬病，因此又會失業。通常他們只能做低階的工作，如總務、會計、總務助理、門房、大樓管理員、倉庫管理等工作。有貴格的人會地位高。

健康運

（牡羊座•同巨）的人，身體健康也差。年輕時還好。中年以後要小心內分泌有問題、淋巴系統的病症，或心臟病、膀胱、腎臟、生殖系統的開刀手術。

磁場相合的星座與命格

（獅子座•太陰）♥♥♥♥♥

（射手座•紫府）♥♥♥♥

（金牛座•天機）♥♥♥♥

（寶瓶座•太陽）♥♥♥♥

不想與其溝通的星座與命格

（天蠍座•武貪）

（天蠍座•武貪）的人財氣與好運都高人一等，眼睛在頭頂上。（牡羊座•同巨）的人巴結不上他們，嫉妒與自卑，不想與其接觸，彼此看不慣。

牡羊座＋廉貞命格的人

命運特質

（牡羊座•廉貞）的人，生於牡羊座春季木氣旺之時，廉貞屬火，生於牡羊座木火相生更旺。因此此命格的人會氣勢強旺，多智謀、愛學習、學問好，愛競爭，耐力極強，好打拼，凡事計劃多，注重謀略。若有人得罪他，或競爭贏過他，就會記恨並暗中報復。他們是個性剛烈的人，凡事會考慮很久才做出決定。內心有些陰險，會做長時間的經營謀劃及謀略。在與人衝突之後，會表面原諒，但動一些手腳讓對方痛恨跳腳。

（牡羊座•廉貞）的人，主觀強，慢性子的人，佔有慾強，但外表穩重。他們對政治積極參與，財運佳，有些人容易有爆發運。事業運也極佳都。

戀愛運

（牡羊座•廉貞）的人，是超級戀愛獵人。但缺乏情趣，常會讓戀愛對象失望。其實他們對性愛積極且急躁，達到目的後，很快就從事一心積極掛念的工作或交際應酬上。更可能公事私事同時進行，毫不浪費時間。

金錢運

（牡羊座•廉貞）的人，財運極佳。因為善於營謀計劃，因此得財甚多。更會經營人脈、拉攏關係來創造財富事業。牡羊座的此命格的人，性格衝動，富於行動力，既能理財，又會積存財富，故中年時期便能主富。

事業運

（牡羊座・廉貞）的人，事業運也極好。他們對政治積極，深懂由政治賺錢容易。有貴格的、成功的人會成為政治強人。一般人會做小商人。或做一個機關的主管。命書說他們是公門小吏的人才。現今超商的襄理、副理易是此命格的人。

健康運

（牡羊座・廉貞）的人，身體康健，很耐操。但要小心肝腎和消化系統的毛病。要小心糖尿病、胃病、以及血液太濃或其他血液問題，常捐血會健康。

磁場相合的星座與命格

（獅子座・紫微） ♥♥♥♥♥
（射手座・天相） ♥♥♥♥
（金牛座・武府） ♥♥♥♥
（寶瓶座・貪狼） ♥♥♥♥

不想與其溝通的星座與命格

（天蠍座・廉破）

（天蠍座・廉破）的人政治味更重。（牡羊座・廉貞）的人雖較勁也鬥不過他，彼此看不慣。

牡羊座＋廉府命格的人

命運特質

（牡羊座•廉貞，天府）的人，生於牡羊座春季木氣旺之時，廉貞屬火，生於牡羊座木火相生更旺。天府屬土，被木剋。故此命格的人，營謀能力及經營關係較強，賺錢及存錢能力較弱。

（牡羊座•廉府）的人，會用交換條件的方式，和人做政治性的聯盟來共創財富。他們具有外交能力，又能打破一般世俗觀念來賺錢。一生經營在於賺錢。他們的配偶運不佳，總找到和自己價值觀不同的配偶會有多次婚姻。他們和父母、兄弟的感情還不錯，子女乖巧無用。此命格的人喜歡物質享受。這才是們一生所真正追求到的幸福。

戀愛運

（牡羊座•廉府）的人，戀愛不順。他們是戀愛獵人，總是炫耀錢財作誘餌，故而容易找到價值觀不同的情人或配偶。會再婚、三婚。老年孤獨。

金錢運

（牡羊座•廉府）的人，財運極佳。喜歡享受精品，美食。你們有政治性的謀略，用於賺錢。手上現金多，但家中財庫錢少，也會房地產留不住。你會把錢財放在他人名下，要小心被人黑吃黑，會要不回來。

紫微＋火象星座 算命更準！

事業運

（牡羊座・廉府）的人，勤勞努力工作。事業運較佳，愛賺錢，愛衣食享受。故做食品業、服飾業都好。也可做政治業、銀行業、金融業、保險業也會成功。你們是有蔭庇的人，會有年紀長的前輩或長輩拉拔照顧你們。你們專心致力在賺錢，在政界做人物，也注重於賺錢增加財富。此命格的人少有貴格，而是先富，再用關係買通做官而主貴。但最終的目的是賺更多的財富。若財富不多的人，會做公門小吏公務員。

健康運

（牡羊座・廉府）的人，身體健康。但要小心手足之傷、肝腎毛病、子宮、輸卵管、輸精管、攝護腺等問題。也要小心血液及車禍傷災的問題。

磁場相合的星座與命格

（獅子座・武相）❤❤❤❤❤

（射手座・紫微）❤❤❤❤

（金牛座・陽梁）❤❤❤❤

（天蠍座・七殺）❤❤❤❤

不想與其溝通的星座與命格

（雙魚座・七殺）☃

（雙魚座・七殺）的人脾氣太硬，又愛浪漫，（牡羊座・廉府）的人無法招架，感情模式不同，彼此看不慣。

牡羊座＋廉相命格的人

命運特質

（牡羊座•廉貞、天相）的人，生於牡羊座春季木氣旺之時，廉貞屬火，生於牡羊座木火相生更旺。天相屬水，被木吸，會洩弱。故此命格的人，營謀操勞較多，享福較少。人生動盪也多一點。但依然是外表忠厚的人。但實際內心衝動性急。

（牡羊座•廉相）的人，本命就是幫忙家中有紛爭、人禍平復的。他們性格溫和，肯公平的處理對待人和事務，願意調解家人的敵對關係。再加上他本身的財運及工作運都比兄弟好，很能排解紛爭，父母也特別喜愛他。只有配偶對其抱怨較多，戀愛獵人失策了。成了白目型戀愛獵人。

戀愛運

（牡羊座•廉相）的人，對異性不了解，他們是衝動的戀愛獵人，常在同學或同事間尋找對象，又常追求到手就不再討好配偶，讓配偶生氣。可說戀愛術不及格，小心老時堪憂。

金錢運

（牡羊座•廉相）的人，財運特優，很會賺錢。但保守，不喜投資。會做賺錢的工作來壯大事業。會做金融業，或放高利貸。他們在辰、戌年的爆發運會爆發，能得到大財富。運氣超級好。他們更會存錢，也想做為小銀行。

紫微+火象星座
算命更準！

事業運

（牡羊座•廉相）的人，官祿宮為武曲，夫妻宮為貪狼，夫官二宮形成『武貪格』。是故其事業運、工作運就在爆發運上，只要流年逢到龍年、狗年，就會有事業要爆發的大好機會。又生於牡羊座木旺之際，木助火旺，爆發力很強。能得到大財富，事業可一飛沖天！

健康運

（牡羊座•廉相）的人，大都身體健康。但要小心手足之傷，肝腎、火土旺的毛病。大腸、糖尿病、免疫能力較差，以及血液的問題。地中海型貧血等。命宮有擎羊同宮或相照的人，有『刑囚夾印』格，會有免唇、傷殘，需要多次開刀手術。

磁場相合的星座與命格

（獅子座•武曲）❤❤❤❤❤
（射手座•紫府）❤❤❤❤
（金牛座•天相）❤❤❤❤
（寶瓶座•天梁）❤❤❤❤

不想與其溝通的星座與命格

（天秤座•同巨）☃

（天秤座•同巨）的人表面公平，口舌是非多，說的和做的不一樣。（牡羊座•廉相）的人無法明白，會立即衝突相槓，彼此看不慣。

牡羊座＋廉殺命格的人

命運特質

（牡羊座‧廉貞、七殺）的人，生於牡羊座春季木氣旺之時，廉貞屬火，生於牡羊座木火相生更旺。七殺屬金，木金相剋較弱。因此此命格的人，性格雖衝動，營謀多，但打拼力道稍弱，會有時懶洋洋。

（牡羊座‧廉殺）的人，性格節儉，人際關係不太好。易衝動，由其有『廉殺羊』格局的人更兇，容易與人衝突，同時造成對自己的傷害。

（牡羊座‧廉殺）的人，生於牡羊座，八字中帶木，易有『陽梁昌祿』格的人，會有事業、地位，財官皆美。本命身體稍差。他們有堅忍的性格，也好競爭，堅持努力，成功在即。此命格的人大多有家財，可居富。

戀愛運

（牡羊座‧廉殺）的人，是真正的戀愛獵人，能找到好幫手的情人或配偶，會幫他打理事務。就算相親結婚，也會運氣好，也能擁有聽話、又相挺的好配偶。

金錢運

（牡羊座‧廉殺）的人，財運不錯，有第一流的好運氣來賺錢。他們不怕工作艱難困苦，能賺到高薪就行。髒亂的工作也會做，能得到很高的代價。

紫微＋火象星座
算命更準！

武職賺得多，文職收入少。

事業運

（牡羊座・廉殺）的人，會做職位低，並且很雜亂、危險、髒亂、易受傷或衝鋒陷陣、急救災難的工作。既辛苦又勞碌。雖高薪，但易失去性命。做武職軍警業最佳，能成為大將軍。做文職會錢少地位不高。有貴格的人會財官雙美。

健康運

（牡羊座・廉殺）的人，身體表面不錯。但要小心心臟病、血液的毛病，血液有雜質或惡性貧血等等。還有肺部、大腸、膀胱、乳癌、子宮、手足傷及車禍的傷害。有『廉殺羊』格局的人易車禍喪命。

磁場相合的星座與命格

（獅子座・紫相） ♥♥♥♥♥

（射手座・天府） ♥♥♥♥

（金牛座・天相） ♥♥♥♥

（雙魚座・武破） ♥♥♥♥

不想與其溝通的星座與命格

（雙子座・天機）

（雙子座・天機）的人情緒多變，自以為聰明，嫌別人笨。（牡羊座・廉殺）的人很難應付，口才也輸他，只會用硬脾氣抵制他，彼此看不慣。

牡羊座+廉貪命格的人

命運特質

（牡羊座‧廉貞、貪狼）的人，生於牡羊座春季木氣旺之時，廉貞屬火，生於牡羊座木火相生更旺。貪狼屬木，得氣更旺。此命格生於牡羊座是最旺的了。因此會喜讀書，愛學習，工作也認真。也會發奮圖強。普通他們人際關係不太好，但此命格的人會沒那麼討人厭了，反而運氣比其他星座的人要好很多。

（牡羊座‧廉貪）的人，意見多，口直心快，多說少做，說話難聽。愛酒色、財、氣，道德感薄弱，不遵守正常法規。容易與人同居，常更換情人。通常他們的生時不佳，生長環境也不好，父母常吵架打架，家庭不和，也影響他們的一生不是那麼順暢。

戀愛運

（牡羊座‧廉貪）的人，雖好淫，經常更換情人或配偶，但他們是戀愛獵人，常在狩獵，最終會找到多金又能忍受他們的配偶。不過這要花長時間的尋找與磨合。甲年生和庚年生人，仍然會有夫妻感情不合，及事業無著的問題。

金錢運

（牡羊座‧廉貪）的人，財運是辛苦得財，卻暢意花費。喜歡高級精品。他們是須做粗重勞苦的工作，但卻花費高級的支出。他們喜歡酒色財氣。若有好的朋友與好的配偶相幫助，他們也能有平順生活和大富貴的。

事業運

（牡羊座•廉貪）的人，軍警業（武職）最佳。會有高官厚祿。如果再有爆發運，能快速升官，直達上庭。有『陽梁昌祿格』的人，也可有高學歷及高職位。能做大官，財官雙美。若做電子業或吃技術飯，也能做主管。普通上班族、文職的人會賺錢少，或工作不長久，靠人吃飯養活。

健康運

（牡羊座•廉貪）的人，大致還健康，但要小心手足受傷，肝腎的毛病、大腸、神經酸痛、性病、及腸胃等消化系統的毛病。

磁場相合的星座與命格

（獅子座•紫微）❤❤❤❤❤
（射手座•武殺）❤❤❤❤
（金牛座•廉相）❤❤❤❤
（天秤座•天府）❤❤❤❤

不想與其溝通的星座與命格

（天秤座•天相）

（天秤座•天相）的人太講究公平、公正，不喜歡耍無賴，（牡羊座•廉貪）的人脾氣大，壞習慣多，彼此看不順眼，敬而遠之。

牡羊座＋廉破命格的人

命運特質

（牡羊座‧廉貞、破軍）的人，生於牡羊座春季木氣旺之時，廉貞屬火，生於牡羊座木火相生更旺。破軍屬水，被木吸會衰弱。故此命格的人，會善於營謀，性格懶洋洋又破費多。不過會喜歡學習，性格雖衝動，但知道好歹。

（牡羊座‧廉破）的人，說話狂妄，膽大強悍，不信邪，易與人挑釁衝，能吃苦，不怕紛爭及髒亂。敢做別人不願意做的工作。此命格又在牡羊座的人，容易有貴格，能成就大事業。你們還有爆發運，在牛、羊年都會爆發。人生是大好大壞的模式。不過你們的心胸很寬廣，能撐得住。因為你們長期處在破破爛爛的、不平靜的環境裡，已無什麼事能難住你的了。

戀愛運

（牡羊座‧廉破）的人，你們愛恨分明，雖是戀愛獵人，其實是戀愛吸引機。你會把周遭的異性都吸過去，再過濾和你一樣愛恨強烈的人。很快發生關係。你不受現實法規的約束。性格大膽乾脆。因此二婚、三婚的人是常事。感情好則聚，不好則散。毫不拖泥帶水。

金錢運

（牡羊座‧廉破）的人，財運佳，很捨得花錢，極易破財。做軍警武職的人，錢財穩定，也容易爆發好運，能做大官，得大財富。做文職的人會窮。其實你們都能在事業上展現好運，但須看如何謀劃。你們會具有專業知識與技術，賺錢不是難事。不過牡羊座的此命格之人會喜歡破財。

事業運

（牡羊座・廉破）的人，本身在工作運上就會具有爆發運，在丑、未年突然有機會發展事業，使你賺得大財富或升大官。此命格的人適合做武職，才有大富貴的機會。文職不宜，易窮。你的事業運也會大起大落，大起在丑、未年。大落在卯、酉年。命格中有貴格的人，會知識水準高，能做大企業的老闆，或政府官員，或知識界的領袖。

健康運

（牡羊座・廉破）的人，年輕時身體還好。中年以後會有病痛。要小心手足傷，肝腎問題、糖尿病、免疫能力失調、脾胃及大腸的毛病，也要小心淋巴系統和血液的問題。

磁場相合的星座與命格

（獅子座・紫殺）♥♥♥♥♥
（射手座・天相）♥♥♥♥
（金牛座・武貪）♥♥♥♥
（寶瓶座・紫相）♥♥♥♥

不想與其溝通的星座與命格

（天秤座・同巨）

（天秤座・同巨）的人喜挑別人毛病，（牡羊座・廉破）的人不能忍受。

牡羊座＋天府命格的人

命運特質

（牡羊座・天府）的人，生於牡羊座春季木氣旺之時，天府五行屬土，木土相剋，故天府受剋。此命格的人，其賺錢能力與存錢能力都會較弱。

（牡羊座・天府）的人，雖表面溫和，但性衝動，做事有規則，不喜歡別人管。喜歡享受，但也是以自己為主，比較自私。也會對人小氣吝嗇。會有固定的工作，有自己的收入及存款，並不關心他人死活。如果是家人跟他要求照顧，他也會適時伸出援手，但絕不事先提出幫忙。他有保守心態，害怕別人會太依賴他。此命格的人較少有貴格，他們一生把錢財當作生命來重視。如果有羊、陀同宮或在對宮的人，會存不住錢，有錢就有事。

戀愛運

（牡羊座・天府）的人，命運中主要破在戀愛和婚姻。雖然他們也是戀愛獵人。會狩獵自己喜歡的對象。但總獵到和自己性格及價值觀不相合的人做情人或配偶。故而有多次婚姻，也要經歷無數次的戀情。並付出金錢代價。

金錢運

（牡羊座・天府）的人，財帛宮是空宮，故財運不一定好。但官祿宮是天相。一定會有工作賺錢，會穩定的進財。

紫微＋火象星座
算命更準！

故算是『機月同梁格』的人，要領薪水過日子。你們會小氣保守。也會慢慢存錢過日子，偶而享受一下。

事業運

（牡羊座・天府）的人，工作運是固定為人料理事務或財務事情。本命是個銀行，天生愛錢、管錢。凡是能賺錢的事你們都愛做。跟錢有關的文書事務，你們也會精通。如果需要演戲、跳舞能賺錢的事，你們也會拚命學習。你們會看在賺錢的份上，努力不懈下去，努力達成富翁。

健康運

（牡羊座・天府）的人，身體健康，要小心脾胃的問題，此外高血壓、心臟病、肝腎問題、手足傷、膀胱、生殖系統都要小心。

磁場相合的星座與命格

（獅子座・天相）❤❤❤❤❤

（射手座・七殺）❤❤❤❤

（金牛座・紫殺）❤❤❤❤

（寶瓶座・武府）❤❤❤❤

不想與其溝通的星座與命格

（天蠍座・廉破）

（天蠍座・廉破）的人更陰險計較，（牡羊座・天府）的人也小氣，鬥不過他，彼此看不慣。

牡羊座＋太陰命格的人

命運特質

（牡羊座•太陰）的人，生於牡羊座春季木氣旺之時，太陰屬水，水被木吸，會氣弱。此命格的人會性格衝動，卻有時懶洋洋，但會愛學習。也容易有貴格。這樣的話，其人也會有固定的薪水與財富。

（牡羊座•太陰）的人，喜歡買房地產和土地，常為揹房貸而奮鬥。此命格的人會好酒、重感情，喜談戀愛。他們心情好時，會對人體貼深情。心情不佳時，會六親不認。他們也常為感情所困。太陰命格的人會與家中女性不合，但在外與異性相吸引。他們口才很好，很能與人聊天。做各行各業都易成功。由其有貴格的人，能做企業負責人、或大機構主管。

戀愛運

（牡羊座•太陰）的人，喜歡戀愛。他們也很會做戀愛獵人，隨時注意自己周遭環境中有無可狩獵的對象。他們從小就有戀愛經驗，可是婚姻運卻未必好。他們情緒易起伏不定，晴時多雲偶陣雨，配偶須小心侍候。此命格的人，多半會在失戀中成長。

金錢運

（牡羊座•太陰）的人，財運尚可，他們不管有錢沒錢都會努力去買房地產來存錢。也會做薪水族來存錢。此命格的人也喜歡在銀行工作賺錢，更喜歡做房東收租金賺錢，是故特別重視和銀行的關係，因此很會存錢。

事業運

（牡羊座‧太陰）的人，會努力做新水族賺錢，工作穩定。他們所做的工作項目很廣，但都精於算計數字、算錢。所以做會計、出納、總務等工作的很多。其他如教師、保險經紀、開店，或大機構主管、負責人等。有貴格及有爆發運的人，會富貴皆有。

健康運

（牡羊座‧太陰）的人，身體健康，但要小心脾胃、肝腎或淋巴系統的毛病。也要注意生殖系統、乳癌、子宮或精囊、性病、婦女病等問題。

磁場相合的星座與命格

（獅子座‧太陽） ❤❤❤❤❤

（射手座‧天機） ❤❤❤❤

（金牛座‧天同） ❤❤❤❤

（寶瓶座‧天府） ❤❤❤❤

不想與其溝通的星座與命格

（巨蟹座‧貪狼）

（巨蟹座‧貪狼）的人對別人虛情假意。（牡羊座‧太陰）的人也敷衍一下，人生觀不同，彼此看不慣。

牡羊座＋貪狼命格的人

命運特質

（牡羊座•貪狼）的人，生於牡羊座春季木氣旺之時，貪狼屬木，故是木氣極旺。此命格的人擁有旺運，由其到夏天的火旺時期，更是偏財不斷，好運不斷。他們是既聰明又愛學習的人。一生又好運多，因此事業極容易成功。

（牡羊座•貪狼）的人，是外型與氣質都極佳的人，身材挺拔，風度翩翩，因為八字木多，所以才學好。智商也很高。他們最容易『火貪格』而爆發財運。但總脫離不了酒色財氣，喜歡賣弄聰明與風采。他們不喜歡氣氛不好，稍有不佳，就會趕快溜走，從不喜得罪人。貪狼的人很貪心，很愛做投機生意。他們喜歡外出找好運機會，在外打拼多，待在家中多是非，氣氛糟，也運氣差。

戀愛運

（牡羊座•貪狼）的人，是正港的戀愛獵人。你們自己也有超好的條件。外型俊美，風頭又健，當然要狩獵的愛情對象是更高層次的獵物了。你們會同時有多個情人可供挑選。還會輕鬆的擁有自由之身。最後選擇的伴侶配偶是多金、人緣佳，能幫助你事業的超級大物。

金錢運

（牡羊座•貪狼）的人，財運普

通，但花費大，破財多。他們天生不會理財，但又對財富貪心。所以有爆發運的人，可如願以償。沒有爆發運的人，會辛苦窮困。此命格的人要35歲以後才會發，之前必須忍受辛苦或窮困。你們不會存錢及理財，接近中年時，父母會給家產，配偶會帶財富來，人生富足。

事業運

（牡羊座・貪狼）的人，工作運須辛苦衝殺打拼。做軍警武職最佳，能立戰功，爆發運更大，能做大官，財富會更多。做文教業、教育業，教師或補習班，出版社等都適合。也可爆發。

健康運

（牡羊座・貪狼）的人，身體健康。但要小心消化系統的毛病，心臟病、高血壓，手足的問題，和性病。生殖系統的毛病。

磁場相合的星座與命格

（獅子座・紫府）♥♥♥♥♥
（射手座・七殺）♥♥♥♥
（金牛座・武曲）♥♥♥♥
（寶瓶座・紫相）♥♥♥♥

不想與其溝通的星座與命格

（天蠍座・廉破）

（天蠍座・廉破）的人陰險破財又運氣差。（牡羊座・貪狼）的人不想跟他哈拉，逃之夭夭。

牡羊座＋巨門命格的人

命運特質

（牡羊座・巨門）的人，生於牡羊座春季木氣旺之時，巨門五行屬水，會被木吸，巨門氣弱。此命格的人會有時衝動，有時懶洋洋，也會肝臟較弱，易勞累。

（牡羊座・巨門）的人，愛講話，愛吃、凡事挑剔、愛自誇，佔有慾強。喜猜忌，愛批評人。容易受騙。他們也常騙人，是非口舌很多。一生起伏大。此命格的人出生之時，家中會有是非災難，或父母錢財上有困難，或家中遭受官非問題，須要他們來應付解決。他們一生遇到的麻煩事多，因此也練就了他們解決問題的能力，和天不怕、地不怕的膽識。他們會歷經千辛萬苦有大成就。

戀愛運

（牡羊座・巨門）的人，戀愛運超好。又是天生的戀愛獵人。口才佳，有說服力，能說服及俘虜情人。此命格的人，有擔當，會照顧情人，又特別聰明，會有很多花招逗情人開心，他們喜歡貼心及善解人意的情人和配偶。命宮在亥宮、子宮的人能得妻財和夫財。

金錢運

（牡羊座・巨門）的人，基本上算是『機月同梁』格的人，要領薪水過日子。但『機月同梁格』是隱性的，如果他的聰明才智夠強，還要有貴格，就能發展賺錢管道。財富非同小可。若是一般上班族的財富格局，用口才賺錢，也很厲害。有爆發運的人會大大發富。更有些人會有配偶財，可讓他們享受優質生活享受。

事業運

（牡羊座•巨門）的人，表面看起來，工作運是薪水族格局。命中有貴格的人會有大富貴。教書、做民意代表，或牧師、保險經紀、政治人物、演說家、業務員等職，都會功成名就。

健康運

（牡羊座•巨門）的人，身體建康。但要小心消化系統的問題、淋巴系統、血液、尿道、及內分泌系統、耳朵、心臟等問題。

磁場相合的星座與命格

（獅子座•天機） ♥♥♥♥♥
（射手座•太陽） ♥♥♥♥
（金牛座•太陰） ♥♥♥♥
（寶瓶座•天相） ♥♥♥♥

不想與其溝通的星座與命格

（天蠍座•武殺）

（天蠍座•武殺）的人話少、乾脆、內心想得多。（牡羊座•巨門）的人不論說什麼都不對，磁場不同，彼此看不慣。

牡羊座＋天相命格的人

命運特質

（牡羊座•天相）的人，生於牡羊座春季木氣旺之時，天相五行屬水，會被木吸，天相氣弱。此命格的人，性格有時衝動，有時懶洋洋。但會喜歡學習。智商也高。天相是公道星，喜歡講求公平、公正，並能調解糾紛，做和事佬。

（牡羊座•天相）的人，愛衣食享受，做事公道，也是勤勞的福星，能解決周圍的困難和麻煩。會為家裡或公司，或周遭環境中帶來輕鬆、快樂、衣食享受的無憂生活。是超級優良命格。但天相怕擎羊剋制，會形成『刑囚夾印』格，會吃虧上當，且易受傷而死，吃虧大了，有此格局的人要小心！

戀愛運

（牡羊座•天相）的人，外在環境都破破爛爛，或複雜、陰險。雖然你們也是戀愛獵人，但你們所狩獵到的都是大老虎或大鱷魚，而你們自己是小白兔，因此被吃掉的是你們。你們對愛情或情人不瞭解，最後都成了婚姻的犧牲者。

金錢運

（牡羊座•天相）的人，財運不錯，又會存錢。你們天生很會理財，又會儲蓄，會整理財務有關的文件。做會計業或金融業是一把好手。你們也會有好父母精心照顧你們，並給你們財產，因此能得蔭庇讓財富能積蓄很多。

事業運

（牡羊座‧天相）的人，工作運常斷斷續續，不穩定。但都會有工作，努力打拼去做。外表老實的他們，容易被人欺負。但會任勞任怨的工作。你們天性脾氣好，即使做老闆，也容易被屬下欺負。因此要強悍一點，才會事業有發展。只是你們志向不高，只喜歡賺錢、存錢。你們適合的工作有：解決及整理財務、管理庫存及倉庫、當大機構或企業主的管家、修理或復建工作。

健康運

（牡羊座‧天相）的人，身體健康。但要小心高血壓、貧血、泌尿系統、膀胱、內分泌系統、糖尿病、耳朵、腎臟、淋巴系統的問題。這些都和水被剋有關。

磁場相合的星座與命格

（獅子座‧天府）♥♥♥♥♥
（射手座‧破軍）♥♥♥♥
（金牛座‧天梁）♥♥♥♥
（寶瓶座‧天同）♥♥♥♥

不想與其溝通的星座與命格

（雙子座‧陽巨）

（雙子座‧陽巨）的人是聒噪又愛表現的人，（牡羊座‧天相）的人常遭受攻擊，彼此看不慣。

牡羊座＋天梁命格的人

命運特質

（牡羊座•天梁）的人，生於牡羊座春季木氣旺之時，天梁五行屬土，會被木剋，天梁氣弱。此命格的人，會性格衝動，但四肢無力，懶洋洋。他們極有正義感，性格厚重，也固執己見，本來很愛管別人閒事的，但此星座的人有時不愛管。有時慈悲心也少了。

（牡羊座•天梁）的人，必須要有貴格，才能有大成就。有『陽梁昌祿格』的人，能財官雙美。命宮居陷的人，會四處飄零、浪跡天涯，到處玩耍。也會生活困苦奔波。只要做薪水族就有飯吃。天梁是蔭星，受蔭庇，會復建，也喜歡拜神信宗教。

戀愛運

（牡羊座•天梁）的人，經常進行戀愛狩獵，感情多有周折和競爭，常有是非爭執的狀況。你們超愛辯才家、及脾氣古怪的人，超難追的對象，對你有吸引力。婚後生活也是吵吵鬧鬧的過日子，你一點不為意。。

金錢運

（牡羊座•天梁）的人，財運是『機月同梁格』的格局。你們的父母就辛苦打拼，你們也會喜歡做公務員或薪水族。你們也喜歡存錢或買房地產，來增

紫微＋火象星座
算命更準！

加財富。你們會按部就班的升等加薪。具有偏財運的人，容易有大富貴。一般人會用勞力去追求金錢財富。生於牡羊座木氣重，特有賺錢智慧。

事業運

（牡羊座•天梁）的人，工作運是太陽，要看太陽的旺弱來定事業高低。有貴格再加太陽居旺的人，會做政治或大機構老闆。普通的人也會做作家寫作、或做廟公等。太陽居陷的人，事業會斷斷續續。有爆發運的人會得到大富貴。慈善業或宗教家是最適合的行業。

健康運

（牡羊座•天梁）的人，身體不錯，會長壽。但要小心脾胃問題、肺部、支氣管炎、感冒、大腸、糖尿病、免疫能力等問題。

磁場相合的星座與命格

（獅子座•太陰）♥♥♥♥♥

（射手座•太陽）♥♥♥♥

（金牛座•天機）♥♥♥♥

（寶瓶座•天同）♥♥♥♥

不想與其溝通的星座與命格

（雙子座•武破）☃

（雙子座•武破）的人表面聰明智商高，但吝嗇防人。（牡羊座•天梁）的人很難和他合作或談心，人生觀和價值觀不同，彼此看不慣。

牡羊座＋七殺命格的人

命運特質

（牡羊座‧七殺）的人，生於牡羊座春季木氣旺之時，七殺屬金，會被木剋。此命格的人，性格衝動，強悍，但有時軟趴趴，懶洋洋。卻會有學習能力。

（牡羊座‧七殺）的人，一生特別勞碌，幼年時期外傷多，腸胃不好，多感冒，身體較弱，成年以後會變好。他們愛賺錢，喜歡為錢打拼，為錢勞碌。錢少或沒錢的事，他們是沒與趣幹的。一生東奔西跑，為賺錢忙碌。此命格的人通常少智謀，多蠻幹，喜歡自己做主，不喜被人管。無法居於人之下，喜歡做老闆。雖然天性果斷，喜掌生殺大權，但太過衝動，智謀不足，仍會有失敗的結果。幸而牡羊座的人愛學習，能補足缺點。

戀愛運

（牡羊座‧七殺）的人，是超級戀愛獵人。一見鍾情的模式不斷發生。窮追到底，速戰速決。分手時也很乾脆，不喜繼續糾纏。你們也會選擇性格乾脆的人做配偶。你們的眼光超準，配偶運也超好。

金錢運

（牡羊座‧七殺）的人，財運很不錯。他們超愛賺錢，又很現實吝嗇。為錢生死打拼，還有很多人都有爆發運，想不發都難。加上有好父母很寵愛，會留超多的財產給他們。富翁中多此命格的人。

事業運

（牡羊座•七殺）的人，工作運超好，他們只做自己喜歡的工作，並不在乎工作的艱辛困難，可以冒險犯難。軍警武職會造就他們的大富貴。做文職財窮無發展。命格中有爆發運的人，會突發財富。此命格的人少有貴格，他們是主富不主貴的人。多往財富上發展為正途。

健康運

（牡羊座•七殺）的人，幼年身體不佳，常感冒或生小病。長大就漸漸好了。但要小心傷災、車禍，以及大腸、肺部，支氣管炎、免疫能力等的問題。頭痛及高血壓等。

磁場相合的星座與命格

（獅子座•武府）❤❤❤❤
（射手座•紫府）❤❤❤
（金牛座•紫相）❤❤❤
（寶瓶座•天府）❤❤❤

不想與其溝通的星座與命格

（雙子座•機巨）

（雙子座•機巨）的人太聰明，智商高，會指出對方的笨拙。（牡羊座•七殺）的人特別痛恨，彼此看不慣。

牡羊座＋破軍命格的人

命運特質

（牡羊座•破軍）的人，生於牡羊座春季木氣旺之時，破軍五行屬水，會被木吸，破軍氣弱。此命格的人會性格衝動，有時會強力要奮鬥及改革，有時卻懶洋洋，不想動。

（牡羊座•破軍）的人，是先破壞卻不一定能建設的人。但他們天性就是對一切都不滿都想改革成他想要的樣子。但這種屬於他的樣子卻未必是公平公正、適合於大家可共同使用或遵守的法則。往往破壞了，就永遠遺失了。他們個性反覆，十分疑神疑鬼。他們好勝心強，一生人生轉折大。有爆發運的人可發富。他們浪費成性，容易過苦日子。

戀愛運

（牡羊座•破軍）的人，也是超級戀愛獵人。他們不考慮時間、地點，直接狩獵戀愛對象，不在乎旁人眼光，或是否有婚姻束縛。會直接展開性愛關係。他們會打破世俗的禮教觀念，也會打破正常的法治觀念。愛的轟轟烈烈，但結果卻不一定好。

金錢運

（牡羊座•破軍）的人，財運要靠自己打拼去賺才會有。他們大手大腳的花錢，卻未必大手大腳的賺錢。命格中

紫微＋火象星座

算命更準！

有文昌或文曲的人，是窮命的人。更是常常鬧窮。此命格的人要學會理財，人生才會順利。

事業運

（牡羊座・破軍）的人，工作運上好運多，辛苦勞碌可多賺錢財。不怕雜亂、複雜，或打鬧鬥爭多的工作。命格中有昌、曲的人，較不屑於做低下或髒亂的工作，因此窮的時候多。命格中有爆發運的人，肯做冒險犯難的工作，加上幾年一次的爆發運，事業會愈來愈成功。但容易大起大落。

健康運

（牡羊座・破軍）的人，還算健康，中年以後有病災、傷災、車禍、開刀等事。也要小心淋巴系統、泌尿系統、內分泌系統、糖尿病等的問題。

磁場相合的星座與命格

（獅子座・廉相）❤❤❤❤❤

（射手座・太陰）❤❤❤❤

（金牛座・紫相）❤❤❤❤

（寶瓶座・貪狼）❤❤❤

不想與其溝通的星座與命格

（雙子座・七殺）

（雙子座・七殺）的人和（牡羊座・破軍）的人喜歡暗鬥，價值觀也不同，彼此看不慣。

牡羊座+祿存命格的人

命運特質

（牡羊座•祿存）的人，生於牡羊座春季木氣旺之時，祿存五行屬土，會被木剋，祿存氣弱。此命格的人，性格衝動，脾氣急，但表面老實，悶不吭聲。本命有『羊陀相夾』，此時更讓人覺得他受人欺凌得厲害。他們有很深的自卑感，與身心障礙。

（牡羊座•祿存）的人，天生會有『自有財』。生活無虞。但小氣吝嗇，外號是『小氣財神』與守財奴。他們會幼年、青少年辛苦，中年以後順利。天生很會存錢，能累積財富與房地產。一生都會勤儉度日。命格中有貴格『陽梁昌祿格』的人，會有成功的事業與名聲。

戀愛運

（牡羊座•祿存）的人，雖然性格衝動，但因本性小氣吝嗇，對戀愛不積極。他們常會精打細算，常要求各付各的。雖然有時對象看上他了，但也會被他的吝嗇嚇跑了。他們多半相親結婚，配偶也常為了金錢和他吵鬧。甚至離婚。此命格的人很多是不婚族，因為不想養老婆子女。

金錢運

（牡羊座•祿存）的人，財運不錯，他們會賺他的衣食之祿。而且在中、晚年會得到長輩的財產。所以金錢運很好。他們愛『錢』比愛人多，對人殘酷無情，把錢看作比天還大，最後錢財會

紫微＋火象星座
算命更準！

被國家徵收。完結守財奴的一生。

事業運

（牡羊座・祿存）的人，喜歡工作賺錢，會安份的守住工作崗位。他們常是工廠的員老員工，有專精的專業技術，無可取代。或做年資深的會計人員，任勞任怨，不隨意請假或辭職。會深得老闆信賴。命格中有貴格的人，會做高知識、高技術的工作。此命格的某些人也會有爆發運，但他們一定不會告訴他人。會默默的存起來。通常他們是該業內的翹楚，但職稱卻不一定高。

健康運

（牡羊座・祿存）的人，幼年身體不佳，經常生病。青少年以後慢慢變強壯。他們多半大腸不好，會鬧肚子，幼年常感冒，不婚的原因亦可能是生殖系統的問題。因此要小心肺部、氣管、大腸、頭部、免疫能力和脾胃的毛病。

磁場相合的星座與命格

（獅子座・紫相）♥♥♥♥♥

（射手座・武曲）♥♥♥♥

（金牛座・武府）♥♥♥♥

（寶瓶座・天府）♥♥♥♥

不想與其溝通的星座與命格

（雙魚座・貪狼）

（雙魚座・貪狼）的人愛花錢與愛表現，（牡羊座・祿存）的人吝嗇又愛批評，價值觀不同，彼此看不慣。

牡羊座＋擎羊命格的人

命運特質

（牡羊座‧擎羊）的人，生於牡羊座春季木氣旺之時，擎羊五行屬金，會被木剋，擎羊氣弱。此命格的人，會脾氣更衝動，容易記恨。但又時常四肢無力，懶洋洋，有理說不清，頭腦糊塗。

（牡羊座‧擎羊）的人，性格霸道，強勢，對人較兇。喜與人競爭，愛佔人便宜，不肯吃虧。得不到就會陷害人，是十足的小人。本命就是刑剋的命格。出生時會讓母親多流血，有時也會母親因生產而亡。此命格的人容易多傷災，臉上頭上有傷。命格中有貴格的人，仍可學歷高，得到高地位與富貴。但容易大起大落。因為是刑剋命格的關係。容易美中不足。有爆發運的人會有大富貴，但也不長久。

戀愛運

（牡羊座‧擎羊）的人，是可怕的戀愛獵人。凡是他想得到的，會像野狼咬死兔子一樣，運用手段來得到。他們會發狂的想得到獵物。常是恐怖情人，或虐待情人。雖然他們有濃烈的感情，不愛時也會棄之如蔽履，更會恨之欲其死，他們會選擇精品對象做配偶。

金錢運

（牡羊座‧擎羊）的人，財運常不順。有時是工作停止，或遭到無薪假，常有窮困。有人懶惰不工作，也有人會積極工作賺錢。三把刀是他們賺錢利

紫微＋火象星座
算命更準！

器，菜刀、剃頭刀、縫衣剪刀會為他們創造財富。做武職財富更大。

事業運

（牡羊座・擎羊）的人，工作運要做三把刀的行業，否則要做軍警業會賺到錢。做文職會窮。現代人多半做雜亂的行業，如喪葬業、垃圾處理、車禍血光、災害救援及解決善後等行業。開刀劍、兵器、廚師、理髮師的店，或做外科醫生，為人開刀，或醫療品買賣、以及競爭者多的行業皆可。

健康運

（牡羊座・擎羊）的人，是幼年不好養，長大後身體變好。出生時就會讓母親大出血，幼年身體不佳，多傷災、常生病。長大後也要小心車禍、外傷、頭面破相，肝腎的毛病、眼睛不好，容易有開刀現象，肺部、大腸，免疫能力、肝癌、大腸癌等問題。

磁場相合的星座與命格

（獅子座・天同）♥♥♥♥
（射手座・天相）♥♥♥
（金牛座・紫微）♥♥♥
（寶瓶座・天梁）♥♥♥

不想與其溝通的星座與命格

（雙子座・武府）

（雙子座・武府）的人超怕刑剋與劫財，（牡羊座・擎羊）的人兇悍得像把刀，又像尖針，既會劫財又刺人，前者會逃之夭夭，彼此看不慣。

牡羊座+陀羅命格的人

命運特質

（牡羊座•陀羅）的人，生於牡羊座春季木氣旺之時，陀羅五行屬金，會被木剋，陀羅氣弱。此命格的人會性格衝動，但四肢軟趴趴，懶洋洋。不過會頭腦清楚一點。

（牡羊座•陀羅）的人，多半有精神問題，一生勞苦波折很大，必須離鄉發展，才會開創人生。也就是要離開家人的照顧，才會成長。他們容易相信陌生人，不願相信家人，很多走失兒童都是此命格的人。他們一生是非多，常做宵小盜竊之事，也易落入社會底層，吸毒、犯案，惡事做盡。他們又會記恨報復，不為善類。品行極差、難於教養。此命格的人做軍警業可出人頭地。再有爆發運的人，可做大將軍，富貴都有。

戀愛運

（牡羊座•陀羅）的人，雖也想做戀愛獵人，但總不順利。不是別人嫌他笨，就是嫌他沒錢。即使談論婚嫁或同居了，也會波折不斷、拖拖拉拉是非很多。夫妻常相互打架吵架，相互家暴。他們很難找到貼心對象。擎羊命格的人才跟他們棋逢對手很相配。

金錢運

（牡羊座•陀羅）的人，財運很差，工作不長久，沒錢了才工作，也不會存錢儲蓄。因此沒有積蓄。要做軍警業會有薪資或獎金，財運會好。有爆發運的人，能得大財富。但很快會花完。

事業運

（牡羊座・陀羅）的人，作一般職務，會斷斷續續做不長。做軍警業會穩定。做文職會窮困，常失業中。有貴格的人可做大將軍。命格低者會做喪葬業、洗屍人或撿骨師。工作斷斷續續。

健康運

（牡羊座・陀羅）的人，健康尚可，頭面有破相，有牙齒的傷害、手足傷，肺部、氣管、大腸、免疫系統有問題，也易生癌症。如肺癌、大腸癌等，還有皮膚病或身上長瘤。

磁場相合的星座與命格

（獅子座・天同） ❤❤❤❤❤

（射手座・天梁） ❤❤❤❤

（金牛座・天相） ❤❤❤❤

（寶瓶座・紫微） ❤❤❤❤

不想與其溝通的星座與命格

（雙子座・機梁）

（雙子座・機梁）的人聰明，又愛搞怪，怕見笨人。（牡羊座・陀羅）的人自卑又不想認輸，怕對方故意刁難，因此王不見王，彼此看不慣。

紫微＋火象星座

算命更準！

法雲居士⊙著

這本書是將紫微斗數中所有的命理特殊格局，不論是趨吉格局，如『君臣慶會』或『陽梁昌祿』或『明珠出海』或各種『暴發格』等亦或是凶煞格局，如『羊陀夾忌』、『半空折翅』、或『路上埋屍』或『武殺羊』等傷剋格局，都會在這本書中詳細解釋。

這本書中還有你平常不知道的很多命理格局。要學通紫微命理，首先要瞭解命理格局，學會了命理格局，人生的問題你就全數瞭解了！

（7 月 23 日～8 月 22 日）

獅子座・星座探秘

●位次與主管事項：

位於第五宮。主管創造力、子女、戀愛、運動、冒險、賭運、羅曼史、寵物、玩伴、情人、創作能力等。

●精神能力與特質

具有操縱和領導別人的能力，喜歡被崇拜及被注目的感覺，個性較為自我，喜愛成為團體的中心或焦點。

本性熱情又樂於助人的人。

獅子座的人有進取心，愛面子，花錢很闊氣。

同時又急躁、自大、武斷、霸道的人，一方面也是堅強、可靠、驕傲、寬大。

他們是不擅與人合作的人，他十分誠實，對於依賴他的人，即使犧牲自己，也會妥善照顧對方。

要小心心臟、血管、脊椎的問題。

●戀愛速配對象

第一名：牡羊座、雙子座

第二名：摩羯座、雙魚座

●誕生石及幸運色及飾品

誕生石：紅寶石

幸運色：金色與橘色

幸運飾品：黃金飾品

●幸運旅行國家及城市

法國、義大利、羅馬尼亞、羅馬、布拉格。

獅子座

（7月23日至8月22日）

獅子座＋紫微命格的人

命運特質

這個獅子座月份的『紫微』坐命者是出生在大暑後金水進的時節。紫微五行屬土，金旺土衰。此命格的人，會高與時很嗨，情緒低落時懶洋洋。此命格的人，特愛面子，嚴肅、穩重、自信心強，為人小心謹慎，喜歡掌控主導權。

（獅子座•紫微）的人，受人尊重、師友、長官都會容忍他，他們一生都有小確幸，生活中有許多小運氣，生活順遂，人際關係良好，別人也捧著他。但命格中多半無貴格，因此無法有大成就與發展。如果命格中有『火貪格』或『鈴貪格』爆發運的人，會有大財富，但脾氣古怪。更會有曲折的人生。他們的工作多半以公務員、薪水族格局為主。他們喜歡當大官，但一般為公門小吏狀況。

戀愛運

（獅子座•紫微）的人，喜歡被捧、被呵護。天生有王子病或公主病。本身很驕傲，霸道，急躁。因此必須能忍受他們的嬌氣，才能待在他們身邊久一些。如果你甘願為他做牛做馬，他們也會考慮選擇醜笨的你為情人或配偶的。但你會一生被嫌棄過日子。

紫微＋火象星座
算命更準！

金錢運

（獅子座•紫微）的人，在財運上衣食無虞。有存款，可擁有房地產，但不一定留得住。會有買賣進出。命格中火多的人可以爆發財運，多得財富。

事業運

（獅子座•紫微）的人，工作運上頗佳。通常為企業機關小主管或機構分部的主管。不會做大老闆。因為你們愛享福、享受，不喜歡辛苦，努力不足，你們會選擇舒適的生活，不想太累。做朝九晚五的公務員，最適合你們愜意的生活。

健康運

（獅子座•紫微）的人，身體健康，亦會常有小感冒或腸胃、消化道的小毛病，問題不大。此命格要小心心臟病、高血壓、腦溢血、中風等問題，或耳病、手足傷災。

磁場相合的星座與命格

（牡羊座•廉府）♥♥♥♥
（雙子座•武相）♥♥♥
（摩羯座•天同）♥♥♥
（雙魚座•貪狼）♥♥♥

不想與其溝通的星座與命格

（天蠍座•廉破）

（天蠍座•廉破）的人，很愛挑起別人的痛腳，哪壺不開提哪壺，（獅子座•紫微）的人面子掛不住，懶得理。

獅子座＋紫府命格的人

命運特質

獅子座的『紫微・天府』坐命者，是出生在大暑後金水進的時節。紫微和天府都是五行屬土，金旺土衰。此命格的人，會在復建和存錢方面弱一點。健康情形也會弱一些。

（獅子座・紫府）的人，坐命申宮，並且是陽男陰女的人命運才會好。坐命寅宮者，青少年時期總會窮困難熬，開運較晚。

（獅子座・紫府）的人，此命格的人大多半缺乏貴格，讀書不太行，但喜歡賺錢，會用一般小市民的方法賺錢。一般紫府坐命者在龍年及狗年會有『爆發運』，但獅子座的此命格除非八字中多火，否則爆發運會較弱會有瑕疵。此命格的人性情開朗，會存錢理財。能做個中等富翁級的人物。會存很多房地產。他們是復建能力很強的人，很能解決家中困難。

戀愛運

（獅子座・紫府）的人，熱情，開朗，話多，異性緣很好。但婚姻運和配偶運不佳。總會找和自己價值觀不同的人結婚或戀愛。他們重視性愛生活，戀愛和結婚次數多。你們喜歡有才氣又會賺錢的人，但找不到。終其一生在尋找愛情，所幸你們心裡很放得開。

金錢運

（獅子座・紫府）的人，財運特佳。又很愛賺錢。你們的鼻子對金錢的嗅覺很強，你很肯打拼，任何粗俗或瑣碎的工作你都肯做。另外還有隔幾年的爆發運。因此你們會擁有不少存款和房地產。此命格的人很愛享受，財產也存得多。

事業運

（獅子座・紫府）的人，會笨笨的做粗俗、簡單的工作，或幫人料理雜務，或賣雜貨。他們並不聰明，但對賺錢的嗅覺很強，第六感會讓他知道該如何賺錢。再加上有爆發運的神蹟，靠機緣、機會能賺到大錢，及發大財。可是要創造大事業，成為企業機構或集團大老闆的機會很少。你只是一個普通的小富翁。

健康運

（獅子座・紫府）的人，身體健康。但要小心脾胃、大腸等問題。有時有肺部、感冒、耳病的問題。也要小心乳癌，或生殖系統的毛病。

磁場相合的星座與命格

（牡羊座・武曲）♥♥♥♥♥

（雙子座・廉相）♥♥♥♥

（摩羯座・武相）♥♥♥♥

（雙魚座・七殺）♥♥♥♥

不想與其溝通的星座與命格

（天蠍座・天機）

（天蠍座・天機）的人陰險又愛耍小聰明，貪小便宜，（獅子座・紫府）的人很小氣，看不慣。

獅子座＋紫相命格的人

命運特質

（獅子座的『紫微・天相』坐命者，是出生在大暑後金水進的時節。紫微五行屬土，金旺土衰。天相福星屬水，很旺。此命格的人，福氣特別好，也很會享福。跟他在一起，吃喝玩樂的事也特別多。他們也很會料理家中的問題與困難。雖然他們抱怨多，但還是會解決家中問題。

（獅子座的『紫相』坐命者，理想多，但易不切實際，多數無法達成。會和上司唱反調。因缺乏貴人運，缺乏蔭庇，容易無貴格，因此讀書、考試都不行。在工作上也無長輩提攜，凡事要靠自己打拼努力，升職很慢，常無份。你們的性格急躁得很、喜鑽牛角尖。雖然你們的財運特佳，但工作需要更多的營謀才行。此命格的人，陰男陽女逆時針行大運較佳，順行運者，只有幼年運佳，其他的大運都不算好。

戀愛運

（獅子座・紫相）的人，性格開朗、好聊天，外貌帥氣、姣美又氣派、人緣佳、討人喜愛，是男女追求的好對象。但他們很天真，不擅戀愛手段，更對世事或異性的想法無知。常被配偶嫌棄。故而會晚婚，或找到性格不合、價值觀不合的對象而爭執，婚姻不算美。

金錢運

（獅子座・紫相）的人，財運特

佳，能賺錢也會存錢，。特別對賺錢的事嗅覺好，更喜歡討論發財的事。家人和朋友會讓他破財。常讓他煩不勝煩。他會很努力打拼，辛苦掙脫家人的束縛。享受自己的舒適生活。雖然看起來財運很好，但大多數人都財庫不穩，留不住錢。

事業運

（獅子座・紫相）的人，工作運必須自己要靠不斷的營謀，才能有發展。他們常規劃營謀遠大的理想和願望。又常常改變理想，有些理想常中途就斷線了。你們適合做複雜性高、解決善後、或貨物品項多的主管人員。

健康運

（獅子座・紫相）的人，在身體健康很好。但要小心淋巴及膀胱、泌尿系統方面、糖尿病、貧血等的毛病。或水道系統的問題。

磁場相合的星座與命格

（牡羊座・武府）♥♥♥♥
（雙子座・廉府）♥♥♥
（摩羯座・破軍）♥♥♥
（雙魚座・機梁）♥♥♥

不想與其溝通的星座與命格

（雙子座・廉破）

（雙子座・廉破）的人大膽又油滑，壞事了又閃躲，（獅子座・紫相）的人覺得他惹不得。彼此看不慣。

獅子座＋紫貪命格的人

命運特質

（獅子座‧紫貪）的人，是出生在大暑後金水進的時節。紫微五行屬土，金旺土衰。貪狼屬木，本身有點土木相剋，此時槁木得以生機。此命格的人，會情緒好時，為萬人迷。有時又會懶洋洋，提不起勁。他們的異性緣特佳，在社交圈中受人矚目。你們更會拍馬屁，升官很快。

（獅子座‧紫貪）的人，人數上是不多的。通常運氣小可。主要靠紫微復建的力量在支撐。所以他是氣派有一點，長相還好而已。

（獅子座‧紫貪）的人，獅子座原本很嗨，但紫貪坐命的人會衿持。有貴格的人會有成就。有爆發運的人會發富，也會爆落。你們會找到多金的配偶。配偶能對你的助力大。你們過一段時間就會沾惹桃花問題，小心損害名聲與前程。

戀愛運

（獅子座‧紫貪）的人，在戀愛運上極佳。你們常被別人挑中，但你們的自主意識也很強。你會選擇一位經濟能力好，又對你最有幫助的人做配偶，這人也會是同時具有性愛能力的人。你是精神與肉體並重。

金錢運

（獅子座‧紫貪）的人，財運稍差，你不會理財，花費又大，太多的交際和享受形成浪費多。還好有能幹的配偶，來幫你理財。有爆發運的人，會有大財富。一般人做軍警業、公務員，財務平順。

事業運

（獅子座・紫貪）的人，在工作運上，做軍警職能升中等以上的高官。若再有爆發運，能青雲直上做大官。亦有些人會爆發大財富，或富貴都有。命格中有貴格的人，會有名聲和高地位。此命格的人愛衣食享受，愛用精品，浪費較多。大多在事業上不賣力，只是外表好看而已。

健康運

（獅子座・紫貪）的人，身體康健，但要小心高血壓、心臟病等，以及耳病、或性病。也要小心痛風、痔瘡、大腸、消化系統、四肢酸痛的病變。

磁場相合的星座與命格

（牡羊座・天府）♥♥♥♥♥
（雙子座・廉府）♥♥♥♥
（摩羯座・廉殺）♥♥♥♥
（雙魚座・祿存）♥♥♥♥

不想與其溝通的星座與命格

（寶瓶座・陽巨）⛄

（寶瓶座・陽巨）的人廢話多，愛鬧情緒，（獅子座・紫貪）的人嫌麻煩不想惹他，懶得理他。

獅子座＋紫殺命格的人

命運特質

（獅子座•紫殺）的人，是出生在大暑後金水進的時節。紫微五行屬土，金旺土衰。七殺屬火金，稍旺。此命格的人，會努力打拼，但復建的力量稍弱。（獅子座•紫殺）的人，比一般紫殺的人開朗，更健談，人際關係較好，喜歡做事，也略具領導力。對賺錢的事喜好苦幹，有極端的耐力。此命格的人會做五花八門的工作，對錢財嗅覺靈敏，知道賺錢的好運在哪兒。他們天生口才好，離開錢的話題，就很冷淡以對。（獅子座•紫殺）的人，出生時是父母正有好工作或發大運之時，因此、他們也喜歡工作打拼賺錢。他們會有爆發運在丑、未年爆發，能擁有大財富。但他們少有貴格，故讀書普通，也無法靠學歷經營事業。

戀愛運

（獅子座•紫殺）的人，是個性格主控性很強的人，喜歡主控別人，不喜歡被人管，所以他會找身材嬌小、個性懦弱的人做配偶。希望另一半能依附於他。他喜歡命令人，教訓人，而不是被人所管。其配偶多半是矮小、胸脯大，或是性格懦弱的好好先生。

金錢運

（獅子座•紫殺）的人，財運超極強，坐在爆發格『武貪格』上，經常有意外的財運。並且在牛年、羊年有爆發運。他們喜買房地產，也能積蓄錢財，更會多養家人，熱鬧生活。

事業運

（獅子座・紫殺）的人除了賺錢，對其他的事沒興趣。通常會做雜亂或粗俗的工作。他們也喜歡做官。例如組長、主任、廠長之類，很難做個螺絲釘。此命格的人也不適合做文職，有人做鋼琴老師，或裁縫老師，會賺錢少。適合做武職（軍警職）、或開設工廠、做房地產經紀、保險經紀等職，會有很大的發展。也會發大財。

健康運

（獅子座・紫殺）的人，身體強壯。但要小心膀胱、尿道、淋巴系統、以及生殖系統的毛病。或乳癌、下腹部疼痛的問題。

磁場相合的星座與命格

（牡羊座・天府）♥♥♥♥♥
（雙子座・武貪）♥♥♥♥
（摩羯座・天相）♥♥♥♥
（雙魚座・廉破）♥♥♥♥

不想與其溝通的星座與命格

（牡羊座・武殺）

（牡羊座・武殺）的人性格衝動，和他們打拼賺錢的方式不一樣，常硬搶工作。（獅子座・紫殺）的人跟他們說不通，彼此看不慣。

獅子座＋紫破命格的人

命運特質

（獅子座・紫破）的人，是出生在大暑後金水進的時節。紫微五行屬土，金旺土衰。破軍屬水，稍旺。此命格的人，會打拼力稍強，破耗也多，但復建的力量稍弱。你會心情好時很嗨，會破財。心情低落時也愛破財。

（獅子座・紫破）的人，因為金生水多，身高稍高，臉面有破相。人生要小心愈打拼，愈破耗多。人生起落多次，會多做白工。你也會與人不合是非多，對周遭環境挑剔，因為愛炫耀。生活也會日不敷出。若命格中有文昌或文曲同宮或相照的人，會是窮命色彩的人，一生窮困，沒有發展，會靠人生活。此命格的人少有貴格，若有折射的『陽梁昌祿格』也行，做軍警業或政治人物會有大發展。

戀愛運

（獅子座・紫破）的人，婚姻運及戀愛運都極差。常只是露水鴛鴦。你們是外貌協會，但如意的對象難求。人生中會有多次婚姻。戀愛不算順利，人生起落多，感情不順。

金錢運

（獅子座・紫破）的人，破耗多，不擅理財，但喜歡投資，理論比實際操作強，所以花的比賺得多。你們沒有偏財運。要付出很多的勞力才能賺到錢。你們處理財務能力很差，必須有人幫忙記帳，你們天生愛享受，喜愛高級精品，容易買一大堆無用之物。

事業運

（獅子座・紫破）的人，在工作方面，命格中會有文昌、文曲，容易是『窮儒』，一生也窮。適合做軍警職較好，在政治圈或軍警業能升到高職位。你們常會創業，但經常不成功。雖然你適合做開創新局、或修理再造的工作，但還是做薪水族或公務員較好。如在造船廠、煉鋼廠工作。你常會做沒有職稱，或職稱低的工作。你不適合做生意或投資，要小心血本無歸。

健康運

（獅子座・紫破）的人，身體健康，但要小心糖尿病、脾臟、胃病、耳朵，泌尿系統或淋巴系統的毛病。

磁場相合的星座與命格

（牡羊座・天相）♥♥♥♥♥
（雙子座・同梁）♥♥♥♥
（摩羯座・武殺）♥♥♥♥
（雙魚座・廉貪）♥♥♥♥

不想與其溝通的星座與命格

（寶瓶座・陽巨）的人

（寶瓶座・陽巨）的人常情緒化失控，會說出他的困窘秘密。（獅子座・紫破）的人臉上掛不住，會對其人會下重手制止。

獅子座＋天機命格的人

命運特質

（獅子座・天機）的人，是出生在大暑後金水進的時節。天機五行屬木，初秋之木，逢金水，煞印相生為『絕處逢生』，故稍旺。此命格的人，特別聰明、智商高，愛精明算計，性情開朗，有些聒噪，學習能力較強。

（獅子座・天機）的人，性格善變，但基本上是『機月同梁格』薪水族的人生格局。此命格的人一生是非多，在家也容易多是非口舌，與兄弟姐妹不合，在外也易交到品行不佳的朋友。命格中有貴格的人，能有高學歷與大好前程。他們不適合做生意，以免有失。他們喜歡穩定規律的生活，會固定上下班，不喜加班。算是努力較少的人。

戀愛運

（獅子座・天機）的人，其戀愛運與婚姻運上是寬大為懷，較為陽剛的。其對象也必須要寬容的對待他們，才有可能戀愛。他們常用是非糾紛和無理取鬧，來對對象的做試驗。配偶一定要制得住他們才行。否則在戀愛及婚姻上多是非。

金錢運

（獅子座・天機）的人，財運普通。在他們命格中，只有父母會對他好、資助他。他們聰明過頭，卻懶得賺錢。父母會留財產給他們用。他們也少偏財運。

事業運

（獅子座‧天機）的人，生平無大志，只做固定的薪水族過生活。他們從不想辛苦賺錢。有些只會在家族事業中工作賺錢。他們適合做公務員，縣或里幹事、或戶政事務所、財稅機關工作。他們仍然知道要奉公守法的工作。

健康運

（獅子座‧天機）的人，身體健康，但要小心有手足傷，和頭臉有破相。更要小心肝、腎、肺部及大腸、脾胃的毛病。也要小心性無能的問題。

磁場相合的星座與命格

（牡羊座‧同梁）❤❤❤❤❤
（雙子座‧太陽）❤❤❤❤
（摩羯座‧太陰）❤❤❤❤
（雙魚座‧巨門）❤❤❤❤

不想與其溝通的星座與命格

（天蠍座‧武破）

（天蠍座‧武破）的人脾氣剛硬、愛沖人，討厭愛搞怪。（獅子座‧天機）的人不喜歡被嫌棄，彼此看不慣。

獅子座＋機陰命格的人

命運特質

（獅子座•天機、太陰）的人，是出生在大暑後金水進的時節。天機五行屬木，初秋之木，逢金水，煞印相生為『絕處逢生』，故稍旺。太陰屬水，也較旺，故此命格的人，超級聰明、智商特高，腦筋快、敏感力強。

（獅子座•機陰）的人，性格和思緒變化快。喜歡東奔西跑過日子，驛馬強，容易搬家和調職，一生容易高低起伏，不寧靜。本命是上班族格局。要小心車禍受傷的問題。命格中有貴格的人，可有高學歷，亦可到海外發展，能名揚四海。他們一生運氣起起落落，改變環境，多外出跑跑，運氣也會改變。

戀愛運

（獅子座•機陰）的人，婚姻運及戀愛運特佳。會有性格較陽剛開朗的人來與你談戀愛。你也是性格開朗的人。會一拍即合。你本身是戀愛高手，可帶領情人或配偶享受戀愛樂趣。

金錢運

（獅子座•機陰）的人，財運方面是薪水族格局。必須要上班領薪水過日子。你們的父母較有錢，但父母教嚴肅，高高在上，你不敢跟他們開口要錢，只慢慢等遺產再拿。不能做生意，會收入不穩定。也擔心會賒本。因為你們的運氣會上上下下的變化。

事業運

（獅子座・機陰）的人，在工作上有蔭庇，故大多是熟人或長輩介紹。，升職或升官有貴人運照顧很容易，工作運氣好。但想要成為大人物或大企業家，要看本身的努力與有無貴格，或爆發格？通常你們玩樂享福比較多，工作的時間較少，再加上你們愛東跑西跑。

健康運

（獅子座・機陰）的人，健康普通都好，但要小心手足之傷，車禍，肝腎、大腸癌、脾胃、淋巴腺體等的問題，以及性生活方面的問題。

磁場相合的星座與命格

（牡羊座・太陽）❤❤❤❤❤

（雙子座・同梁）❤❤❤❤

（摩羯座・天機）❤❤❤❤

（雙魚座・巨門）❤❤❤❤

不想與其溝通的星座與命格

（雙子座・武曲）

（雙子座・武曲）的人是性急又剛硬的人，（獅子座・機陰）的人愛說等一下，彼此看不慣。

獅子座＋機梁命格的人

命運特質

（獅子座・天機、天梁）的人，是出生在大暑後金水進的時節。天機五行屬木，初秋之木，逢金水，煞印相生為『絕處逢生』，故稍旺。天梁屬土，秋土洩弱。此命格的人，聰明度特佳、學習能力特強，容易有貴格。但蔭庇及復建能力稍弱。

（獅子座・機梁）的人，有蔭庇，貴人運普通，自己本身善辯，也喜歡口才好之人。他們能得到老闆和上司的普通照顧。如此也會引起妒忌和是非。他們在牛、羊年有爆發運，能得大財富。命格中有貴格的人，會有高學歷和大成就。

戀愛運

（獅子座・機梁）的人，本身很愛聊天，遇到喜歡愛說話的對象、就常開玩笑，很聒噪。他也會把常跟他說廢話聊天的人當作對象來作配偶。夫妻倆吵吵鬧鬧的過日子，他們會為錢財問題而吵離婚。

金錢運

（獅子座・機梁）的人，財運是薪水族的格局。有蔭庇，父母、長輩會給錢。還有『武貪格』爆發運，在牛年、羊年會爆發偏財運，有意外之財。

事業運

（獅子座•機梁）的人，工作運是薪水族格局。事業發展不大。有貴格的人，能教書、做文教事業。或在家族事業中工作。他適合做收拾殘局的工作或整理類型的工作。例如會計、記帳員、保險員等。他也適合照顧老人或幼童，做慈善事業等。還有做餐飲業的。

健康運

（獅子座•機梁）的人，身體健康。但要小心肺部、氣管、脾胃、肝腎、大腸等消化系統的問題。手足傷、臉面有破相、車禍等問題。也要小心糖尿病、免疫系統的問題。

磁場相合的星座與命格

（牡羊座•同陰） ♥♥♥♥♥

（雙子座•陽巨） ♥♥♥♥

（摩羯座•天同） ♥♥♥♥

（雙魚座•祿存） ♥♥♥♥

不想與其溝通的星座與命格

（雙子座•廉貞）

（雙子座•廉貞）的人自認聰明有營謀，不喜聒噪的人。（獅子座•機梁）的人弄不懂他，常被嫌棄，彼此磁場不合，彼此看不慣。

獅子座＋機巨命格的人

命運特質

（獅子座‧天機、巨門）的人，是出生在大暑後金水進的時節。天機五行屬木，初秋之木，逢金水，煞印相生為『絕處逢生』，故稍旺。巨門屬水，也較旺。此命格的人，特別聰明、口才好，辯才無礙，也會得理不饒人。他們性情開朗，愛講話，很聒噪，上知天文，下知地理，活潑活躍，文武皆可。命格中很容易有貴格，人生成就很大。有的在學術機構發展。有的可做軍警武職，能任高官。無貴格的人會一事無成。

金錢運

（獅子座‧機巨）的人，財運是薪

（獅子座‧機巨）的人，理財能力不佳，只是平平。生活中多是非，他們貴人少，為人清高者多，缺乏世故。

戀愛運

（獅子座‧機巨）的人，愛情運不順，會起起伏伏，多變化。感情常有喜憂，他們情緒多變。容易常更換情人。他們非常喜歡變化，又常與人有糾紛口角。情人受不了他們的挑剔行為。不過此星座的人想得開，舊的不去新的不來，新戀情會很快展開，又是快樂明亮的一天。他們經常同居不婚。

水族的格局，很穩定，積蓄也能滿滿。他們會用量入為出在理財。即使薪資多，也會節儉過日子，生活過得好。

事業運

（獅子座．機巨）的人，是心情開朗的上班族模式。他們有高知識水準的人，會在高技術產業工作，薪水多。地位也會節節上升。知識水準低的人，只會打零工，或做職位不高的工作。若虎年或猴年有爆發運，能得大財富。

健康運

（獅子座．機巨）的人，身體健康。但要小心脾胃、地中海型貧血、淋巴系統、血液系統或泌尿系統，如膀胱、尿道、腎臟、消化系統等的問題。

磁場相合的星座與命格

（牡羊座．天同）❤❤❤❤❤

（雙子座．太陽）❤❤❤❤

（摩羯座．天相）❤❤❤❤

（雙魚座．日月）❤❤❤❤

不想與其溝通的星座與命格

（雙子座．紫相）

（雙子座．紫相）的人很像機巨人的父母，高高在上，並不真照顧他們。（獅子座．機巨）的人對他們又怕又難溝通，彼此看不慣。

獅子座＋太陽命格的人

命運特質

（獅子座•太陽）的人，是出生在大暑後金水進的時節。太陽五行屬火，生在獅子座是『丙臨申位火無煙』。太陽不烈，溫和許多。會有些無力，但也特別喜愛賺錢。他們會大嗓門，個性直。個性活潑，愛講話，停不下來。

（獅子座•太陽）的人，個性寬大、少心機，對人熱心。理財能力不好，會拚命工作賺錢。有貴格的人能名揚四海。做教師、高等公務員，政府官吏，能財官雙美。命格中有爆發運的人，能得大財富。在辰、戌年有『武貪格』的人能發富。

戀愛運

（獅子座•太陽）的人，有平凡的戀愛運。他們本身就大而化之，性格陽剛，不會談戀愛，戀愛過程很乏味。因此他們會覺得婚後的生活淡而無味，會有外遇，可是轉了一圈又回家了。他們愛表現，又很驕傲自大，最後發現只有配偶最了解他配合他。

金錢運

（獅子座•太陽）的人，財運是薪水族的格局之資。他們不會去做生意。不擅理財算帳。也會大手大腳的花錢。

有些人會有家產生活（父母或祖先留的財產），或買房地產、及銀行存款，生活快意。

事業運

（獅子座・太陽）的人，有貴格的人，會學歷高，做地位高的工作。靠口才或糾紛有關。例如做教師、律師、保險業、廣播員、宣傳員、或政府官員等。命格居陷又有爆發運的人，會做簽賭有關的行業。事業有起落。普通人也要先有名聲，才能事業做得大。

健康運

（獅子座・太陽）的人，身體健康，但要小心高血壓、心臟病，肺癌、以及腦中風等的疾病。有些人要小心糖尿病和高血脂、及膽固醇過高的毛病。

磁場相合的星座與命格

（牡羊座・太陰）❤❤❤❤❤

（雙子座・巨門）❤❤❤❤

（摩羯座・天同）❤❤❤❤

（雙魚座・天梁）❤❤❤❤

不想與其溝通的星座與命格

（寶瓶座・廉破）

（摩羯座・巨門）的人愛打聽小道消息，（獅子座・太陽）的人不愛說嘴，懶得理。

獅子座＋陽梁命格的人

命運特質

（獅子座・太陽、天梁）的人，是出生在大暑後金水進的時節。太陽五行屬火，生在獅子座是『丙臨申位火無煙』。太陽不烈，溫和許多。天梁屬土，秋土洩弱。此命格的人，性格脾氣沒那麼大了，很開朗，活潑，只是有些傲氣。天梁蔭庇的力量也稍弱。

（獅子座・陽梁）的人，很討長輩喜歡，但他不喜別人管。此命格的人桃花多，男人女人都喜歡他。但他們多半清高。命格中行形成『陽梁昌祿格』貴格的人，會有高學歷與大成就。沒有貴格的人，只能做一般公務員或薪水族。他們都是有蔭庇的人，故會有父母留家產給他們，生活平順。

戀愛運

（獅子座・陽梁）的人，其感情模式屬於囉嗦型的。你會計較小細節、小事情，一直囉嗦個沒完。最後找到的配偶也是一直對你囉嗦個沒完。而且他又未必是你的最愛。你會一生戀愛不斷，到處搞小曖昧。只是真心喜歡的得不到。

金錢運

（獅子座・陽梁）的人，財運尚可，是薪水族的收入。可是父母會給家產，生活無虞。命宮在酉宮的人，人生易飄零，生活較艱難。有貴格的人，薪資很高，生活富裕。子時、午時生人會無財也無福。因為天空、地劫一起俱在其財帛宮或福德宮，易早夭。

事業運

（獅子座•陽梁）的人，其工作運普通，你們自視很高，不想靠人介紹工作，也對地位的高低不介意，很想做大事。但有貴格『陽梁昌祿格』的人才會有大成就。沒有貴格的人，只是一般的薪水族討生活。

健康運

（獅子座•陽梁）的人，身體健康，但要小心高血壓、腦中風、脾胃的問題，或糖尿病、皮膚病、及甲狀腺的問題。

磁場相合的星座與命格

（牡羊座•同巨）♥♥♥♥♥
（雙子座•機梁）♥♥♥♥
（摩羯座•天同）♥♥♥♥
（雙魚座•太陰）♥♥♥♥

不想與其溝通的星座與命格

（雙子座•七殺）

（雙子座•七殺）的人頭腦思緒有時變化快，有時變化慢。（獅子座•陽梁）的人跟不上腳步，價值觀也不同。

獅子座+日月命格的人

命運特質

（獅子座・太陽、太陰）的人，是出生在大暑後金水進的時節。太陽五行屬火，生在獅子座是『丙臨申位火無煙』。太陽不烈，溫和許多。太陰屬水，較旺。日月本身火水相剋，但金生水多。因此此命格的人會太陰旺一點，也會容易鬧情緒，會阻礙自己的工作和財運。

（獅子座・日月）的人，是開朗、陽剛、又帶點溫柔的人，異性緣好。他們很愛談戀愛。工作只是裝點樣子，職志在找尋戀愛機會。享受物質生活、愜意人生是此生的目的。他們的財、官二位都弱，不得不依賴他人生活。

戀愛運

（獅子座・日月）的人，開朗、迷人，人生以戀愛為職志，常換戀人，他們有王子病或公主病，需要戀人侍候他們，戀愛過程坎坷不堪。他們要求戀人或配偶整天陪著他、或一同享受美食遊覽，希望對方也別工作，永遠過談戀愛的日子。

金錢運

（獅子座・日月）的人，是薪水族的財運。若父母多金，他會生活富裕。

若生活之資要靠自己賺，財運就會不穩定了。大運及流年好壞也會影響財運，好大運時，十年的富足生活不成問題。

事業運

（獅子座•日月）的人，工作運不佳，缺乏貴人、名聲。你們不喜競爭，也沒有上進心。時間都花在找戀人上。做一般的薪水族、教書及秘書、會計、助理職務，生活平順就好。

健康運

（獅子座•日月）的人，身體尚可，但要小心有傷災、車禍。還要小心血液含雜質、貧血或長癩瘡的問題。要小心一切與手足神經有關的問題。

磁場相合的星座與命格

（牡羊座•天同）♥♥♥♥♥
（雙子座•同梁）♥♥♥♥
（摩羯座•機巨）♥♥♥♥
（雙魚座•破軍）♥♥♥♥

不想與其溝通的星座與命格

（天蠍座•廉府）

（天蠍座•廉府）的人很小氣吝嗇，不喜歡沒用的人，（獅子座•日月）與他磁場不同，彼此看不慣。

獅子座＋陽巨命格的人

命運特質

（獅子座・太陽、巨門）的人，是出生在大暑後金水進的時節。太陽五行屬火，生在獅子座是『丙臨申位火無煙』。太陽不烈，溫和許多。巨門屬水，較旺。此命格的人，話超多，超極聒噪，讓人以為他很熱情，但常會讓人厭煩。

（獅子座・陽巨）的人，是非超多，常是自己引起的。但在工作上會懶惰。他們也會記仇，作事時就乏振無力。其實他們的人生中仍充滿競爭和嗑嗑絆絆，並不順利。戀愛和工作都要競爭，但你仍會哇拉哇拉的蠻不在乎。命格中有貴格的人，也能有成就，可做民意代表。有『天刑』的人可做執掌刑罰的工作。（獅子座・陽巨）的人，你們的財、官都是空宮，命盤上有一大半都是衰運，要有出頭天必須多努力才行。

戀愛運

（獅子座・陽巨）的人，天生有公主病、王子病，常驕傲又愛表現。但他們擅於糾纏，對自己喜歡的對象會死纏爛打，毫不放棄。天生還死心眼。你們專挑外型俊俏的人，必然與人競爭多，且未必能如願。有些人會與人共享情人，也無所謂。

金錢運

（獅子座・陽巨）的人，是薪水族的財富格式。父母也不富，你只是隨便長大的，錢要靠自己賺。陰男陽女逆行

紫微＋火象星座

算命更準！

大運的人，年輕就能發。你們在丑年、未年有爆發運，能多得財富。順行大運的人，要55歲才能爆發，人生較辛苦得多。多學習賺錢與理財技術較佳。

事業運

（獅子座・陽巨）的人，事業運不強。財運也不強。工作會做不長。命、財、官、遷四宮若有祿存、昌曲進入的人，會事業成功。本命帶有『天刑』的人會做獄卒、律師，或法院工作。命中有驛馬帶財的人會做奔波的生意人。他們多與口舌的工作相關，保險經紀、老師、解說員、醫護工、接線生、司法人員、醫護員都很適合。

健康運

（獅子座・陽巨）的人，年輕時身體健康，有些是表面還健康。但中年小心病痛。膿血之症、淋巴系統的毛病、或大腸癌、肺部、消化系統潰爛、高血壓、心臟病等。

磁場相合的星座與命格

（牡羊座・機梁）❤❤❤❤

（雙子座・同陰）❤❤❤

（摩羯座・太陰）❤❤❤

（雙魚座・天機）❤❤❤

不想與其溝通的星座與命格

（雙子座・武相）

（雙子座・武相）的人性格聰明自傲，（獅子座・陽巨）的人廢話多，但難敵他的嘲諷，根本不理會。

獅子座＋武曲命格的人

命運特質

（獅子座•武曲）的人，是出生在大暑後金水進的時節。武曲屬金，故極旺。此命格的人會脾氣更硬，但幹練，超會賺錢。勤奮、愛打拼、做事一絲不苟，重承諾，此星座的武曲坐命者，較會做軍警業，較陽剛，否則會注重賺大錢，不會做小生意人。你們也可能做科技業、或汽車工業。跟金屬有關的工業，你們都願意從事。你們也會是能做極端、決斷性判斷的人。

（獅子座•武曲）的人，命、遷二宮就有『武貪格』爆發運格，在環境中就有爆發機會，再加上自己的聰明才智，能暴發大富貴。

戀愛運

（獅子座•武曲）的人，喜歡有用的人。他們喜歡有工作能力的人。發覺感覺對了，會強力追求成為配偶。很少會改變或換情人。若感覺不對，會立即分手，不留情面。因此他和配偶都會很忙碌，各自會有自己的工作和事業。他們會晚婚，中年後吝嗇至極，更不易結婚。

金錢運

（獅子座•武曲）的人，賺錢努力，財運超棒。本性對錢財小氣吝嗇，會存很多錢。很喜歡存現金在銀行裡，因為田宅宮是天機陷落，存不住。所以較少買房地產。他們對自己喜歡的家人很捨得，會給錢花用，但對自己很節儉。他們常有獎金可領，做軍警業會有軍需品的周邊錢財，或發戰爭財。龍年、狗年有爆發運，能得大富貴。

事業運

（獅子座・武曲）的人，其事業運特佳，從商可做大企業、大老闆，若從軍警職也能升高官。並可管理財務。它們性格開朗清亮。理財能力雖不強，卻最會賺錢。能幫機構賺大錢。此命格的人適合做金融業、金屬類產品的生意、或賣汽車、飛機、機車、刀劍、金飾品、鐵鍋、鐵桶、金屬材料等。

健康運

（獅子座・武曲）的人，健康不錯，但要小心大腸癌和肺癌、消化系統的問題，以及肝腎、脾胃、胰臟癌、糖尿病及泌尿系統、膀胱等問題。

磁場相合的星座與命格

（牡羊座・武貪）♥♥♥♥♥
（雙子座・紫府）♥♥♥♥
（摩羯座・廉相）♥♥♥♥
（雙魚座・武相）♥♥♥♥

不想與其溝通的星座與命格

（雙子座・破軍）

（雙子座・破軍）的人聰明油滑，不愛守規矩，（獅子座・武曲）的人注重原則，會立即指正，還有金錢價值觀不同，彼此看不慣。

獅子座＋武府命格的人

命運特質

（獅子座‧武曲、天府）的人，是出生在大暑後金水進的時節。武曲屬金，極旺。天府屬土，會洩弱，故此命格的人，會特愛賺錢，存錢的能力會弱一點。

（獅子座‧武府）的人，性格開朗活潑，不太保守了，仍然會做公務員，或軍警、教職。也會做仲介、推銷的工作。因此像傳銷公司的很多藍鑽級的高級推銷員都是此命格的人。他們依舊節儉、吝嗇，對父母兄弟好。但是跟配偶感情不睦。六親關係中的一破，在夫妻關係。感情問題總是在其人生中起起伏伏，命格中較少有貴格，努力打拼，孜孜努力也能一生平順。

戀愛運

（獅子座‧武府）的人，愛情不順，容易碰到和自已思想相異的人談戀愛。造成婚姻的痛苦。你們也會對配偶小氣，因此感情不佳。因為你們的父母就是感情不佳，所以也傳到你們。生活在吵吵鬧鬧中度過。再加上你內心有異於常人的觀念，所以同居不婚，來去自如，可能會戀愛維持久一點。

金錢運

（獅子座‧武府）的人，財運佳，你們愛賺錢。卻沒別的星座存的多。你們很愛享福，但也時常摳門，你們會照顧原生家庭，對外人在錢財上吝嗇。你們是固執又小心的守財奴。你們自己享受也不多，但貪心有餘。有爆發運的人財有大財富。

事業運

（獅子座・武府）的人，工作運特佳，你們超能幹，能做管理人材，也能做老闆。企業有了你們，業績和收入金額也會蒸蒸日上，常創下新高。你們會在事業上努力打拼有成就。工作內容較保守，公家機構工作、或軍警、教職。你們做老闆也也是別人投資的。會按部就班的依工作績效分獎金，慢慢可做到總裁之位。

健康運

（獅子座・武府）的人，身體健康，要小心心肺功能、感冒、肺炎、和膀胱、生殖系統的毛病，也怕乳癌、大腸癌、下半身寒涼、高血壓、腹痛等毛病。

磁場相合的星座與命格

（牡羊座・廉貞）❤❤❤❤❤

（雙子座・七殺）❤❤❤❤

（摩羯座・紫相）❤❤❤❤

（雙魚座・天府）❤❤❤❤

不想與其溝通的星座與命格

（寶瓶座・天機）

（寶瓶座・天機）的人和武府的人都是比賽鬥智和耐力，（獅子座・武府）的人比不過他，彼此看不慣。

獅子座＋武相命格的人

命運特質

（獅子座‧武相）的人，是出生在大暑後金水進的時節。武曲屬金，會極旺。而天相屬水，也特旺。此命格會比其他星座的人愛享福，能得的財富也多，但勞碌依然。因為天相必須勤勞才有福享。

（獅子座‧武相）的人，天生有蔭庇，會有父母及長輩的庇佑與照顧，十分周全。你們一生有父母依賴。能接收父母創下的大績業，能成為富二代。如果命格中有貴格的人，學歷和經歷都會高人一等，能做內政方面的大官。成就較好。

戀愛運

（獅子座‧武相）的人，會晚婚戀愛運較遲，你們較被動，雖個性開朗，但缺乏戀愛術。男性還容易被女性追走。女性會默默等待有緣人。要小心找到家族麻煩多及較窮的配偶，辛苦成家，但會吵個不停。

金錢運

（獅子座‧武相）的人，財運尚可，但也是花得多，愛享受、無法節制的人。多半依靠父母而衣食無虞。你們不會理財，大多有家業會傳給你，有現成的可享受。適合多外出運動或旅遊，會財運大開。

事業運

（獅子座・武相）的人，事業運頗佳，本來可做老闆或主管。但你們愛享福，打拼的時間不長。喜歡做公務員、薪水族或做賣衣食的商人，生於獅子座的人父母運很好，會享父母的福，你們喜歡一面享福、一面創業。性格開朗、開放，看事很精明，你們會做文教業或和衣、食相關的行業生意。但理財、算帳的問題，還是要用心小心才是。

健康運

（獅子座・武相）的人，身體健康，但要小心高血壓、心臟病、脾胃的毛病，糖尿病、火氣重、常感冒、肺部、支氣管炎、大腸疾病、便秘等。

磁場相合的星座與命格

（牡羊座・紫微） ♥♥♥♥♥

（雙子座・貪狼） ♥♥♥♥

（摩羯座・太陰） ♥♥♥♥

（雙魚座・太陽） ♥♥♥♥

不想與其溝通的星座與命格

（雙魚座・天機） ☃

（寶瓶座・天機）的人愛耍小聰明，（獅子座・武相）的人會吃悶虧，人生觀不同，彼此看不慣。

獅子座＋武貪命格的人

命運特質

（獅子座‧武貪）的人，是出生在大暑後金水進的時節。武曲屬金，極旺，而貪狼屬木，槁枯中有金水滋潤，死而復生。但會有一點刑剋。此命格的人，喜歡賺錢，財運好。但運氣及機會會弱一點。

（獅子座‧武貪）的人，大致比別人運氣好。但一生會起起伏伏。在牛、羊年都能爆發。獅子座的人，會八字中金重，故須要火多一點才會爆發。屬火的流年，爆發更大。

（獅子座‧武貪）的人，要找到好配偶幫忙理財，才能家庭和樂。命格中有貴格的人少，主富的人生也會有成就。

戀愛運

（獅子座‧武貪）的人，喜歡享受也會對配偶好。亦會晚婚，能找到會理財、家境好的配偶。此命格的人脾氣稍有古怪，很會看人，很知道對象合不合自己用，喜歡找能力好，又能補足自己缺點的人做配偶。如果配偶不合格便很快淘汰了。

金錢運

（獅子座‧武貪）的人，是對財運有敏感力的人，通常運氣都超好，但極為吝嗇，喜歡賺錢但愛花錢，只花錢在自己身上。他們不會理財，會用配偶當會計。在牛、羊年都有爆發運，會發富。兔、雞年就會破敗，爆起爆落。若大運連續好三個大運，必能成為億萬富翁。獅子座武貪的人成為億萬富翁應該是人數不少。

事業運

（獅子座・武貪）的人，工作運極佳，特愛賺錢。雖奔波忙碌打拼，在牛、羊年的爆發運，更能促進事業上的成功。你們很會投資，又能抓住機會。此命格的人易做軍警業，會立戰功爆發而得大富貴。有些人也會做生意爆發而主富。你們會擁有特殊的第六感，預知爆發運的時間與項目。

健康運

（獅子座・武貪）的人，身體健康。但生於初秋、金水進之時，要小心肺部、支氣管炎、大腸、消化系統的問題，以及心臟病、高血壓，頭痛症。還有四肢酸痛的問題。

磁場相合的星座與命格

（牡羊座・紫殺）♥♥♥♥♥
（雙子座・紫府）♥♥♥♥
（摩羯座・武曲）♥♥♥♥
（雙魚座・廉貞）♥♥♥♥

不想與其溝通的星座與命格

（雙魚座・武破）

（雙魚座・武破）的人會攻擊別人的爆發運，認為不勞而獲。（獅子座・武貪）的人不爽自己的好運被誣衊，彼此看不慣。

獅子座＋武殺命格的人

命運特質

（獅子座・武殺）的人，是出生在大暑後金水進的時節。武曲和七殺都屬金，故極旺。此命格的人，喜做決斷性的工作，如律師、法官等，或獄警。他們脾氣較硬，雖個性開朗，但自以為是，傲氣十足，有自己的想法，很難被人說服。

（獅子座・武殺）的人，做武職（軍警業）或與法律決斷性的工作較好。做文職，賺錢不多。必須堅持努力工作，才能有好的工作成就。做勞力工作會有成就感。你的人生中多起伏，必須要艱忍卓絕，才會有好的成果。命格中有貴格的人，會有高學歷與大成就。

戀愛運

（獅子座・武殺）的人，婚姻運及配偶運極佳。雖然脾氣不好，性格酷酷的有個性。但能找到靈魂伴侶，伴你度過起伏的人生，你從不孤單了。你的配偶也是最好助理及幫手，會體貼你的辛苦，更會幫你打理瑣碎的小事，照顧你的生活，幫你解除內心煩惱與憂愁。是你一生的貴人及伴侶。

金錢運

（獅子座・武殺）的人，財運不好，也不會理財，手上經常沒有現金，鬧窮。因為武曲財星逢殺星即是刑剋，因財被劫。故不富。你們是薪水族格局的人。平常節儉吝嗇，但有理由的花錢，你們會很捨得的。你們的命好，會有理財高手、幫忙生財的配偶來相助，所以家庭還是過得不錯的。但最重要的是要把配偶搞定，才會有大財可進。

事業運

（獅子座・武殺）的人，工作運極佳。也很愛努力打拼、勞心勞力，職位可高可低。高的可做到高級主管的職務。低的混生活而已。做軍警武職可升高官。文職較窮。你們注重名聲和功勞，命格中有貴格的人，會有大成就。文職的人會努力追求自已最高的目標。

健康運

（獅子座・武殺）的人，身體健康。但要小心肺部、氣管炎、大腸、膀胱、生殖系統、及下腹部寒涼的問題。女性也要小心乳癌、卵巢、子宮等問題。男性要小心輸精管、尿道、攝護腺等問題。

磁場相合的星座與命格

（牡羊座・紫府）❤❤❤❤

（雙子座・天府）❤❤❤

（摩羯座・紫破）❤❤❤

（雙魚座・廉貪）❤❤❤

不想與其溝通的星座與命格

（雙子座・陽巨）

（雙子座・陽巨）的人假裝聰明，口舌是非多，（獅子座・武殺）的人，感到煩感，相互彼此看不慣。

獅子座＋武破命格的人

命運特質

（獅子座‧武曲、破軍）坐命的人，是出生在大暑後金水進的時節。武曲屬金，極旺。破軍屬水，也很旺。此命格的人，個性開朗，會性情瀟洒，乾脆，人緣比其他星座的人好。愛講話，喜歡舌辯。

（獅子座‧武破）的人，會略圓滑，會在錢財上保守。因為本身賺錢不多。耗財較兇，不會理財。工作努力會蠻幹。你們很理智，膽大心細，價值觀和別人不一樣，人生目標也喊別人不一樣。適合做軍警武職，能冒險犯難，成就大功名。文職不吉，易窮。此命格的人陽男陰女順時針行大運，運氣較佳。逆時針行運的人，小時就辛苦，多災多難。你們最好都有宗教信仰，才行幫助你度過困難期。命格中有貴格的人，也會有較大富貴。

戀愛運

（獅子座‧武破）的人，通常不知道自己真正要什麼樣的戀愛。你們容易被環境變化出現的人、事、物所推動，你們本身外型挺拔俊俏，但心性不定，容易有露水姻緣和多次婚姻。或婚後有外遇問題。

金錢運

（獅子座‧武破）的人，財運不佳。做薪水族、軍警業會較順利。你喜歡生活上的享受，要保障生活用度。若有偏財運的人，也會發富，但易爆起爆落。做文職薪水少。一生要量入為出。

事業運

（獅子座•武破）的人，在工作運是超級好。易有高階地位。適合做軍警業、政治界，有貴格的人，地位高。若做向外拓展業務人員、或情報蒐集人員、或是特別辛苦危險的工作，向外衝鋒陷陣，或在戰場上廝殺，或做救難遇血光之事，做辛苦、付出勞力多，或特別危險的工作會賺得多。文職較窮。

健康運

（獅子座•武破）的人，身體還算健康，但要小心高血壓，頭痛、中風、心臟病、糖尿病、脾胃方面的毛病、內分泌及淋巴系統的病症。傷災及車禍等。還有四肢酸痛、性病等毛病。

磁場相合的星座與命格

（牡羊座•紫相）❤❤❤❤❤
（雙子座•天相）❤❤❤❤
（摩羯座•廉相）❤❤❤❤
（雙魚座•紫貪）❤❤❤❤

不想與其溝通的星座與命格

（牡羊座•日月）

（牡羊座•日月）的人很愛享受，情緒佑多變，公主病、王子病很嚴重，要別人侍候。（獅子座•武破）的人本身也很大男人、大女人，根本受不了，會跟他衝突吵架，彼此看不慣。

獅子座＋天同命格的人

命運特質

（獅子座・天同）的人，是出生在大暑後金水進的時節。天同屬水，會金生水，天同極旺。此命格的人，外型清亮，做人世故。也更會享福及愛享受的人。他極為會規劃享福的方式。你並不覺得他懶惰。

（獅子座・天同）的人，心情開朗，聰明，是福星命格，喜歡享福及玩樂。錢財也順利。工作有貴人幫忙介紹，生活愜意。其命格仍然是薪水族的模式，一般都做上班族、薪水族。通常你們有較富有的父母會資助你。命宮在巳、亥宮的人，特愛享福，是福王。命宮只有帶化權星的人才會有事業成就。否則只會普通的過一生。

戀愛運

（獅子座・天同）的人，你們在戀愛上還很挑。喜歡有氣質及高知識水準的人來戀愛，否決粗俗、愚笨的人。但自以為聰明的人，也經常被你們碰到。要小心被人唬嚨、欺騙，更要小心碰到恐怖情人，傷害生命。

金錢運

（獅子座・天同）的人，財運多半很穩定，有錢才能當福星，有工作錢財就能穩定。有些人不工作，會有父母長輩養他。你們的財運是薪水族格局，一生財富不多，但能有福氣享受穩定的生活。此星座的人會繼續不斷的生財、享福。

事業運

（獅子座・天同）的人，通常會做薪水族的工作。如果家族富裕，可能不工作，只玩樂。命格有化權的人，別人會把領導的位置平白的送給你，讓你莫名其妙的坐上老闆或高級主管的位置。當然肯定是有什麼關卡要過，用你當擋箭牌。不過，你是天生的福星，在人際關係上很能幹，能化解企業機構的災難，業務會上升一級棒。此星座的人會運氣較好。你會因心情問題人生有起伏。

健康運

（獅子座・天同）的人，身體健康，但要小心肺部、支氣管炎、大腸癌、免疫能力下降、耳朵、肝腎、腰痠背痛、淋巴系統、泌尿系統，內分泌系統都要小心。

磁場相合的星座與命格

（牡羊座・太陰）♥♥♥♥♥

（雙子座・天梁）♥♥♥♥

（摩羯座・機巨）♥♥♥♥

（雙魚座・日月）♥♥♥♥

不想與其溝通的星座與命格

（射手座・廉貞）☃

（射手座・廉貞）的人較沒腦子，又愛營謀，貪赧露相，（獅子座・天同）的人，常覺得被欺負，彼此看不慣，對他很煩感，不想理他。

獅子座＋同陰命格的人

命運特質

（獅子座・天同、太陰）的人，是出生在大暑後金水進的時節。天同與太陰都屬水，會很旺。此命格的人，會外表清亮，溫柔美麗、亮眼。他們也會勤奮愛工作，財運也好，享福與戀愛也順利。

（獅子座・同陰）的人，他們會只管談戀愛和享福。其個性會開朗、心情好，人緣佳，戀愛機會也多，人生多得意。享福不完。他們的父母多富有多金，也會將房地產給他們來收租金。有些人命格中有富裕的情人或配偶，如貴人般的照顧他們。讓他們一生生活無憂，並享受戀愛樂趣。

戀愛運

（獅子座・同陰）的人，其人生目的是來談戀愛的、來享福的。艷遇及戀愛對象同時能照顧他們的生活與財富。因此他們以戀愛為生活目標。此命格的人，外型美麗，女性會婀娜多姿，胸部豐滿。男性會娘娘腔，是標準的小三、老王的模型。他們交際手腕超精，天生就會酒店或鴨子店小姐、服務員那一套，把戀愛對象侍候的心服口服。財運才會大。

金錢運

（獅子座・同陰）的人，財運是薪水族的格局。但你們會有戀愛生財資本，有美麗及姣好的外型，談個戀愛就有財富進帳。牛、羊年還有爆發運，衰運年你們能找到貴人做對象，救你們於窮困。因此你們能比別人享受較多的物質享受。

事業運

（獅子座•同陰）的人，通常無事業。其工作是『機月同梁』格的格局。做公務員或薪水族最佳，通常窮的時候才工作。談戀愛時就能享福。如果命格中有權、祿、科的人，可找到大企業家做貴人，衣食無虞，享受層級高。有『馬頭帶箭』格的人，是威震沙場的大將軍。更能鬥爭及掠奪，這是能成功達成使人生爬上最高峰的格局。

健康運

（獅子座•同陰）的人，身體都健康。要小心腎臟癌和肺癌的問題、膀胱不好、淋巴系統、泌尿系統、傷風感冒、乳癌、生殖系統的問題。

磁場相合的星座與命格

（牡羊座•太陽） ♥♥♥♥

（雙子座•天梁） ♥♥♥

（摩羯座•機梁） ♥♥♥

（雙魚座•陽巨） ♥♥♥

不想與其溝通的星座與命格

（寶瓶座•廉破）

（寶瓶座•廉破）的人什麼都挑明了說，諷刺厲害，（獅子座•同陰）的人雖會撒嬌，但也討厭，彼此看不慣。

獅子座+同梁命格的人

命運特質

（獅子座•天同、天梁）的人，是出生在大暑後金水進的時節。天同屬水，較旺。天梁屬土，會洩弱。此命格的人，愛享福，也有福可享。喜歡動口不動手，蔭庇的福蔭較弱一點。

（獅子座•同梁）的人，智謀多，但不喜勞動，多愛玩樂之事，不會想做大事業。天生口才好，喜歡擺龍門陣，也怕負責任。會一事無成。他們愛聊是非，只關心一些雞毛蒜皮的事情。本命是薪水族。喜歡露出一些小聰明，一生無大建樹。還有一些人會靠人吃飯。

戀愛運

（獅子座•同梁）的人，廢話更多，喜歡找口才好的對象，相互打屁談戀愛。找對象的方法就是聊天搭訕，善於把妹勾搭異性。他們用賺錢手法來勾搭異性。帶些無賴手段的口才，是他們的拿手絕活。婚後仍外遇不斷。夫妻間是非口舌多，會吵架打架不斷。

金錢運

（獅子座•同梁）的人，其財運是薪水族的格局。雖喜歡到處鑽關係，想找到官高的朋友提攜，或生財的機會給你，但未必能如願。你也想找個有錢的配偶帶財富給你。也未必能如願。

事業運

（獅子座・同梁）的人，玩樂享福是你們的人生命運，你靠聰明而得到工作，那只是做做樣子，並不真喜歡工作。你最適合開民宿，或遊樂園，或賭場。如果有發明物品的能力，那就是正途了。例如食品類、零食類為業。

健康運

（獅子座・同梁）的人，身體健康，但要小心脾胃、膀胱的毛病、腎虛、糖尿病、免疫能力失調、大腸、耳朵及肺部、氣管炎、感冒等疾病。

磁場相合的星座與命格

（牡羊座・太陰）❤❤❤❤❤
（雙子座・天機）❤❤❤❤
（摩羯座・天相）❤❤❤❤
（雙魚座・巨門）❤❤❤❤

不想與其溝通的星座與命格

（寶瓶座・太陰）

（寶瓶座・太陰）的人有王子病或公主病，要對方能侍候他，（獅子座・同梁）的人愛動嘴不動手惹人討厭。

獅子座＋同巨命格的人

命運特質

（獅子座・天同、巨門）的人，是出生在大暑後金水進的時節。天同、巨門都屬水，故較旺。此命格的人，會聒噪，廢話多，懶惰，喜歡玩樂、愛享福。

（獅子座・同巨）的人，在家中與兄弟姊妹多是非爭吵。你的父母對你多護衛。命坐丑宮的人，會有薪水高的配偶養你。你們會靠人生活。有貴格『陽梁昌祿格』的人，有高學歷，生活無虞。有『明珠出海』格的人，命格也主貴，可讀書考試第一名，亦可被貴冑層級的皇族家庭選為駙馬的人。會有富貴人生。（※『明珠出海』格請參考法雲居士所著《使你升官發財的『陽梁昌祿格』》一書。）

戀愛運

（獅子座・同巨）的人，特別會戀愛，是高手級的。你們超會哄人，也會吹噓，擁有達官顯貴的朋友。你的情人或配偶更喜歡你會逢迎拍馬，對他的前程很有幫助。你愛錢、配偶愛權。可以有很好的搭檔。

金錢運

（獅子座・同巨）的人，財運靠長輩賜與，配偶也會給家用，你們本身不太會賺錢。收入很少。生財之道就是靠家人給錢。婚前靠父母，婚後靠配偶。老年靠子女給錢。如果有工作時，也能短暫貼補一二。你們也會靠跟朋友交際辦活動來賺外快。

事業運

（獅子座・同巨）的人，沒有事業運，但很會享福。常玩樂，會辦活動玩樂，當作事業或工作。如果大運不佳，就會過窮困日子，必須自己要打工賺錢了。有時你也想發奮，但不長久。

健康運

（獅子座・同巨）的人，健康不佳。中年以後要小心耳朵、心臟及內分泌有問題、淋巴系統、消化系統的病症，或膀胱、腎臟、生殖系統的開刀手術。

磁場相合的星座與命格

（牡羊座・太陰）♥♥♥♥♥
（雙子座・天機）♥♥♥♥
（摩羯座・太陽）♥♥♥♥
（雙魚座・太陰）♥♥♥♥

不想與其溝通的星座與命格

（天蠍座・紫貪）

（天蠍座・紫貪）的人瞧不起無用的人。（獅子座・同巨）的人與他談不來，彼此看不慣。

獅子座＋廉貞命格的人

命運特質

（獅子座‧廉貞）的人，是出生在大暑後金水進的時節。廉貞屬火，火在秋天是已無炎威之利，故衰弱。此命格的人有時愛說話，口才好，有時懶洋洋，容意懈怠。

（獅子座‧廉貞）的人，內心佔有慾強，凡事喜歡營謀，但心有餘而力不足。你們打拼的行動力不如嘴巴強，是說的好聽的人。還好你們的財運還不錯，事業運也不錯，能努力工作賺較多的錢。命格中有貴格的人，能有大成就。你適合做軍警武職或公務員，能做到中等官吏等級。如果做生意也可做到中小企業的老闆等級。你們醉心政治，掌權是你們的最愛。

戀愛運

（獅子座‧廉貞）的人，雖然有桃花，但缺乏情趣。甜言蜜語也少。他們較喜歡去聲色場所，貪戀酒色。他們雖注重性愛，此命格的人對風塵場所的人很對味。也喜歡和政治人物結親。

金錢運

（獅子座‧廉貞）的人，財運還好。賺錢需要營謀及人際關係，才能多增財富。中年以後，大運變差了就會怠惰，工作不順也不積極，財務會賺得少。常要找人周轉。陰男陽女逆時針行大運的人會老年較富裕。

事業運

（獅子座・廉貞）的人，喜歡營謀事業。愛賺錢。每天殫精竭慮的為賺錢或事業打拼。你們多醉心政治，又愛錢。營謀爭鬥很嚴重。大部分人通常會是小商人命格，或是小主管階級的人。命格中有貴格的人，才會有大成就。

健康運

（獅子座・廉貞）的人，身體康健，很耐操。但要小心肝腎和消化系統的毛病。要小心糖尿病、胃病、以及血液的問題，常捐血會有利自己健康。

磁場相合的星座與命格

（牡羊座・紫相）♥♥♥♥♥

（雙子座・武府）♥♥♥♥

（摩羯座・貪狼）♥♥♥♥

（雙魚座・擎羊）♥♥♥♥

不想與其溝通的星座與命格

（天蠍座・擎羊）

（天蠍座・擎羊）的人更精明謀劃，很會撒賴。（獅子座・廉貞）的人鬥不過他，彼此看不慣。

獅子座＋廉府命格的人

命運特質

（獅子座•廉府）的人，是出生在大暑後金水進的時節。廉貞火弱，天府屬土也會衰弱。故此命格的人，有『人來瘋』。人多的時候會很嗨，喜歡交際應酬，人緣好。人少時會是懶洋洋的提不起勁。

（獅子座•廉府）的人，是死要面子但內心小氣吝嗇，思想觀念和常人不一樣。他們會不顧世俗觀念去賺錢。有錢就是娘。還好他們會與父母、兄弟感情好，和配偶、子女的感情不和。他們少有貴格，全心全力在賺錢，老時也會富有多金，一生會有多次婚姻的經驗。喜歡用物質的享受來彌補感情的缺失。

戀愛運

（獅子座•廉府）的人，思想觀念超前衛。總能打破世俗框架，他們會經常找到價值觀不同的情人或配偶。婚姻運不佳。內心感情模式也古怪。老年時會孤獨。他們是以金錢來衡量感情的。

金錢運

（獅子座•廉府）的人，財運有的人超好，有的人普通。但都會花錢給自己享受，買最高級的物品自用。他們賺錢很拚命，會保持身上有一些流動的現金。本身未必有錢。

事業運

（獅子座・廉府）的人，事業運還好，賺衣食之祿的錢。他們工作努力，有的人喜歡做政治業、銀行業、金融業、保險業，業績很好，很會存錢。他們很會拉關係及送禮，朋友即貴人，會對他們賺錢上有很大的幫助。會介紹人流，讓他得到大富貴。此命格的人有貴格的人少，多半要先成為富翁，才得增貴。

健康運

（獅子座・廉府）的人，身體健康。但要小心手足之傷、肝腎毛病、子宮、輸卵管、輸精管、攝護腺等問題。也要小心血液的問題。

磁場相合的星座與命格

（牡羊座・武相）❤❤❤❤❤
（雙子座・紫微）❤❤❤❤
（摩羯座・七殺）❤❤❤❤
（雙魚座・陽梁）❤❤❤❤

不想與其溝通的星座與命格

（天蠍座・擎羊）

（天蠍座・擎羊）的人營謀鬥爭很厲害，刑財更兇，（獅子座・廉府）的人怕被刑剋，彼此看不慣。

獅子座＋廉相命格的人

命運特質

（獅子座•廉貞、天相）的人，是出生在大暑後金水進的時節。廉貞屬火，稍弱。天相屬水，較旺。此命格的人，喜歡享福多一點，也勤勞一點。做人會講求公正、公平，會憤世嫉俗，但也常做老好人。

（獅子座•廉相）的人，心情開朗，話多。喜歡處理調解人際關係的事務，父母對他們好，但兄弟姐妹多是非爭吵。他們經常要解決家中紛爭。他們和配偶相互不了解，常抱怨他，感情還好。生活是平順之人。

戀愛運

（獅子座•廉相）的人，開朗、傻呼呼的，不了解異性，老實，誠實，愛人卻不表現出來，會讓戀人與配偶誤會。他們老好人形象，炙手可熱，易被搶。

金錢運

（獅子座•廉相）的人，財運超好，極會賺錢，個性節儉保守，很少投資。他們對錢有敏感力，很會選擇賺錢的事業來進行。做金融業或百貨業。賺錢容易。在辰、戌年有爆發運，能有大財富。他們注重衣食用度的平順。

紫微＋火象星座

算命更準！

事業運

（獅子座．廉相）的人，其工作運就在『武貪格』上，非常愛賺錢，並以爆發運為正常該發的錢財。只要到龍年、狗年，事業必然爆發。他們須逢火而發。財富才會大。你們適合做複雜、雜亂、或糾纏在一起、機件多、或反覆手續繁多的工作。環境很亂，或破破爛爛的，是你們的工作場所。例如政治圈、議會，印刷廠、汽車修理廠。

健康運

（獅子座．廉相）的人，還算健康。有手足之傷，肝腎的毛病。糖尿病、免疫能力較差，以及血液的問題。地中海型貧血等。有擎羊同宮或相照的人，有『刑囚夾印』格，會有免唇、傷殘，需要多次開刀手術。

磁場相合的星座與命格

（牡羊座．武曲）❤❤❤❤❤

（雙子座．紫府）❤❤❤❤

（摩羯座．破軍）❤❤❤❤

（雙魚座．天梁）❤❤❤❤

不想與其溝通的星座與命格

（雙子座．天機）☃

（雙子座．天機）的人超聰明搞怪，（獅子座．廉相）的人易被整，也難說服他。

獅子座＋廉殺命格的人

命運特質

（獅子座・廉貞、七殺）的人，是出生在大暑後金水進的時節。廉貞屬火，較弱。七殺屬金，較強。故此命格的人，性格較兇，脾氣不好，高與時很嗨，心情低落時很陰沉。你們重視錢財，外表酷酷的，性格節儉，通常難相處。不過，還很講理。

（獅子座・廉殺）的人，若有『陽梁昌祿』格，讀書會好，工作也會順利。命格中有擎羊同宮或相照的人，會有『刑囚夾印格』，會有血液的病症，健康較有問題，若再加『廉貞化忌』，會有傷殘。智力與精神都有問題。一般普通廉殺的人，生活節儉，有家產，生活無憂。

戀愛運

（獅子座・廉殺）的人，婚姻運與戀愛運都佳。能有好幫手來相戀做配偶。若相親結婚，也能會擁有聽話、相配的好配偶。運氣不錯。你們喜歡福星來幫忙做家事，要體諒及會照顧人，太懶的人他們不會招惹。

金錢運

（獅子座・廉殺）的人，金錢運極佳，有一流賺錢的好運氣。也肯自己吃苦犯難，做苦工或軍警業能擁有極高的薪資。能蓄積財富。他們會做辛苦卓絕、或與血光有關，不怕髒亂、救難或處理髒臭、屍體等的工作，毫不懼怕。若做文職工作便收入少。

事業運

（獅子座・廉殺）的人，會做職位不高又辛苦的工作。如軍警職、救難隊等。其次是危險、髒亂或衝鋒陷陣的工作。你們不怕血腥、辛苦，會有專業技術做自己的工作。別人不敢做，因此賺錢多。文職會賺錢少。

健康運

（獅子座・廉殺）的人，普通還健康。但要小心心臟病、血管及血液的毛病。肺部、大腸及車禍的傷害。有擎羊的才易有血液的病及車禍。

磁場相合的星座與命格

（牡羊座・紫貪）♥♥♥♥♥
（雙子座・天府）♥♥♥♥
（摩羯座・武破）♥♥♥♥
（雙魚座・太陰）♥♥♥♥

不想與其溝通的星座與命格

（寶瓶座・同巨）

（寶瓶座・同巨）的人，常有小聰明，是非多。（獅子座・廉殺）的人超煩感，不去招惹他。

獅子座＋廉貪命格的人

命運特質

（獅子座・廉貞、貪狼）的人，是出生在大暑後金水進的時節。廉貞屬火居陷，較弱。貪狼屬木居陷，木氣也弱。此命格的人，有時很嗨，經常人際關係差。口直心快，專說難聽的話。自己份內的事做不好，常引起是非。

（獅子座・廉貪）的人，愛訂規矩，但通常不守正常規矩。他自己愛享特權，惹人討厭。更喜歡與酒色財氣為伍，不重視道德規範。如果有『火貪格』或『鈴貪格』的人，會有爆發運，從武職能得大富貴。如果有『陽梁昌祿格』貴格的人，會有高學歷與大成就。

戀愛運

（獅子座・廉貪）的人，是外貌協會，也喜歡性能力佳的人。常換男女朋友，愛情不穩定。一直要找到真正喜歡的對象黏上去。最終他會找到多金、又能對他好的配偶。配偶會理財。

金錢運

（獅子座・廉貪）的人，財運是浪費多，無法賺大錢的人。中年以前他們以酒色財氣為人生目標，中年以後，會被配偶管，他們是妻管嚴(被配偶管)的人，財務也被管。但會生活順利能守財。

他們希望被管，表示有人愛他。配偶很會存錢理財，也照顧他們的財富與生活，夫妻會有好的感情。

事業運

（獅子座‧廉貪）的人，適合做軍警業（武職），有『火貪格』、『鈴貪格』的人能成就大事業及大富貴。做文職的人會財窮，此命格的人，有貴格，會有高學歷，也能做高科技、電腦類、網路電商類還賺錢多，無貴格的人，或不工作的人會靠人吃飯。他們人緣不佳，無法做業務工作，會業績不好。

健康運

（獅子座‧廉貪）的人，身體還健康，但要小心手足受傷，肝腎的毛病、性病、及腸胃等消化系統、神經失調、內分泌失調的毛病。

磁場相合的星座與命格

（牡羊座‧天府）❤❤❤❤
（雙子座‧紫破）❤❤❤❤
（摩羯座‧紫相）❤❤❤❤
（雙魚座‧武殺）❤❤❤❤

不想與其溝通的星座與命格

（雙子座‧武破）

（雙子座‧武破）的人智商及膽識很高，（獅子座‧廉貪）的人自嘆不如，對他看不慣。

獅子座＋廉破命格的人

命運特質

（獅子座‧廉貞、破軍）的人，是出生在大暑後金水進的時節。廉貞屬火，較弱。破軍屬水，稍旺。此命格的人，會破財更多，打拼辛苦。智慧略差，情緒有時很嗨，有時會蠻幹。其謀劃能力較差，會做體力活與粗俗的工作。

（獅子座‧廉破）的人，很有膽識，敢於做艱辛危險的事，或到處奔波忙碌的工作，說話狂妄又敢說。常冒險犯難。他們在牛、羊年有偏財運會爆發，能多得大財富。會爆起爆落，不過一生勞碌。此命格的人，命中有貴格的人少。多做競爭、惡鬥與髒亂的工作。

戀愛運

（獅子座‧廉破）的人，破軍較強，會不守世俗規矩、突破常規、談畸戀。也會突破身分地位談戀愛。有時更會為經濟利益展開戀愛，你是戀愛獵人，奮不顧身的追求目標對象。經常多次婚姻不在乎別人眼光。

金錢運

（獅子座‧廉破）的人，財運佳，花費也高級，常對自己大方，對別人小氣吝嗇。通常你們想賺錢時，不怕勞苦及髒亂。通常你們會做軍警職，文職會賺錢少。在牛、羊年會有爆發運，能爆發大財富。你們會大手大腳花錢。人生很暢快。

事業運

（獅子座・廉破）的人，在事業上會具有爆發運，是『武貪格』，能突然升官發財，必須做武職或從商能爆發更大。爆發時機在丑、未年，能得到大財富。從文職會爆發小。要小心人生爆起爆落，衰運在兔、雞年。

健康運

（獅子座・廉破）的人，身體馬馬虎虎。但要小心頭臉有破相，手足傷災、車禍、開刀，肝腎問題、糖尿病、免疫能力失調、脾胃及大腸的毛病，也要小心淋巴癌和血液的問題。

磁場相合的星座與命格

（牡羊座・紫相）❤❤❤❤❤
（雙子座・武貪）❤❤❤❤
（摩羯座・天相）❤❤❤❤
（雙魚座・廉相）❤❤❤❤

不想與其溝通的星座與命格

（雙子座・武曲）

（雙子座・武曲）的人脾氣聰明剛直、怕被刑財，（獅子座・廉破）的人兇悍、價值觀不同，彼此看不慣。

獅子座+天府命格的人

命運特質

（獅子座‧天府）的人，是出生在大暑後金水進的時節。天府五行屬土，土在秋天為衰位，洩弱。此命格的人，賺錢與存錢都不強。你們會心情好時很嗨，心情低落時懶洋洋。通常你們人緣好，喜歡物質享受，工作還算努力，會照顧家人。性格有點自私，會把錢都存在自己戶頭。

（獅子座‧天府）的人，天生喜歡存錢，但田宅宮好的人才存得住錢。他們會固定工作及記帳。如果命格中有破財現象的人，會工作不長久，也會存不住錢。此命格的人少有貴格，其財帛宮都是空宮，只有辛勤工作，才能累積財富。

戀愛運

（獅子座‧天府）的人，戀愛運都差。你們先天價值觀和愛情觀和常人不一樣。你們會選和自己性格反差大的人為對象。一生多次更換情人或配偶。婚姻不美。

金錢運

（獅子座‧天府）的人，財運並不算好，你們是很愛存錢，賺錢能力並不強。必須要有穩定的工作，才會生活舒適。你們能存一些房地產，如此便能儲存財富。否則仍然沒錢。

事業運

（獅子座‧天府）的人，工作運穩定，喜歡做與財務、金融理財、會計、出納、經濟相關的工作最好。也有自營開店營生的，還有些人會做軍警業、公務員，或者進演藝圈、或開舞蹈教室、瑜珈教室等。你們天生愛管錢，自成為小金庫，好好努力工作，養老金也即早存下，一輩子生活無虞。

健康運

（獅子座‧天府）的人，身體健康，要小心脾胃、大腸的問題，此外高血壓、心臟病、肝腎問題、糖尿病、手足傷、膀胱、生殖系統都要小心。

磁場相合的星座與命格

（牡羊座‧紫微）♥♥♥♥♥
（雙子座‧天相）♥♥♥♥
（摩羯座‧七殺）♥♥♥♥
（雙魚座‧武府）♥♥♥♥

不想與其溝通的星座與命格

（雙子座‧破軍）

（雙子座‧破軍）的人說話聰明、口才好、並不負責任，（獅子座‧天府）的人易上當，彼此看不慣。

獅子座＋太陰命格的人

命運特質

（獅子座・太陰）的人，是出生在大暑後金水進的時節。太陰屬水，較旺。此命格的人，財富會多一點，房地產也多一、兩棟。此命格的男性有娘娘腔的形態，女性較有異性緣。

（獅子座・太陰）的人，本命是薪水族，也喜歡穩定的工作，朝九晚五。他們好飲酒、愛談戀愛。常為戀情所困。也會與家中女性不合。他們很操勞，日月如梭。會以薪水族為主，或是收房租維生。很重視錢財。命格中有貴格的人，會有高學歷和高地位。命格中有爆發運的人，易有大財富。

戀愛運

（獅子座・太陰）的人，超愛談戀愛，但戀愛運未必好。他們相當有魅力。戀愛無數，常失戀，又再戀愛。婚姻運也未必好。結婚離婚看人的造化。

金錢運

（獅子座・太陰）的人，夜生人及命格居旺的人，財運佳。也會理財，一生無憂無慮談戀愛。白日生人及命格居陷的，會財富少一點。你們會買房地產來存錢。努力儲蓄來積存錢財。你們和銀行的關係好，能儲蓄更多錢。

事業運

（獅子座・太陰）的人，情緒很嗨，工作上非常穩定，強力打拼。你們多半做文職的工作，或是銀行、金融機構、或公務員、企業職員。即使自己開店、做老闆、或開公司都要固定上下班和拿薪資。你們會在錢財上清楚算帳。不會帳務不清。有爆發運的人會事業大成功與成為富翁。

健康運

（獅子座・太陰）的人，身體健康，但要小心脾胃、大腸、肺腺癌，肝腎或淋巴系統的毛病。也要注意生殖系統、乳癌、子宮或精囊、性病等問題。還有四肢酸痛的問題。

磁場相合的星座與命格

（牡羊座・太陽）♥♥♥♥♥
（雙子座・天機）♥♥♥♥
（摩羯座・貪狼）♥♥♥♥
（雙魚座・巨門）♥♥♥♥

不想與其溝通的星座與命格

（雙子座・機巨）

（雙子座・機巨）的人過於聰明。（獅子座・太陰）的人情緒難以控制，彼此看不慣。

獅子座＋貪狼命格的人

命運特質

（獅子座‧貪狼）的人，是出生在大暑後金水進的時節。貪狼五行屬木，衰弱的木氣被滋潤了一下，因此又有生機。此命格的人，好運還不少。他們也是個性很嗨的人，喜歡表現，人緣好。凡事有些貪赧，喜歡亮麗浮華的東西。如果有『火貪格』或『鈴貪格』的人會有暴發運，能多得錢財。

（獅子座‧貪狼）的人，會做軍警業或文教事業，命格中有貴格的人，會有大富貴、大事業。你們常常有好運發生，即使在戰爭打仗的年頭，你們也會有好運，能享受到富貴及好運。

戀愛運

（獅子座‧貪狼）的人，都會有極佳的戀愛運與配偶運。你們具有戀愛技術與手段。會找到富有多金的戀人和配偶。你們對朋友會有些隔閡，但希望戀人或配偶瞭解自己。最終你會找到能幫助你的事業和財富的靈魂伴侶。

金錢運

（獅子座‧貪狼）的人，財運不錯。能盡情花錢。但也必須努力多賺錢。你們無法節制和節省。天生愛享受，及購買精品。不會存錢及理財。長輩父母會遺留家產給你，配偶也會給你財富。若有『火貪格』、『鈴貪格』的人會爆發大財富。你天生好命能享受很多。

事業運

（獅子座・貪狼）的人，在工作上必須打拼。適合做軍警武職，會發得大，能做大將軍。做文職發得小。能做文教業。貪狼本是好運星，你在小時候有好運，長大後必須打拼，才能成功。有貴格的人，會功成名就。有爆發運的人，能有大富貴。

健康運

（獅子座・貪狼）的人，身體健康。但要小心消化系統及神經系統的毛病，心臟病、高血壓，手足痠痛的問題，和性病。生殖系統的毛病。

磁場相合的星座與命格

（牡羊座・紫府）❤❤❤❤
（雙子座・武曲）❤❤❤
（摩羯座・天相）❤❤❤
（雙魚座・天府）❤❤❤

不想與其溝通的星座與命格

（巨蟹座・陽巨）

（巨蟹座・陽巨）的人愛說話，喜多管閒事。（獅子座・貪狼）的人不喜歡別人管，彼此看不慣。

獅子座＋巨門命格的人

命運特質

（獅子座‧巨門）的人，是出生在大暑後金水進的時節。巨門五行屬水，故較旺。此命格的人，口才好、愛吃、喜歡講話表現，佔有慾強，也會說假話騙人。更喜與人抬槓辯論，是非口舌多。

（獅子座‧巨門）的人，本身也不怕是非，喜歡拜鬼神。他們特別聰明，命格中有貴格的人，會有大富貴。沒有貴格的人會一生起伏坎坷。有些會從小被送給別人做養子。須成年後命運才會轉好。也有些人會有爆發運，成就與財富會比別人多。命格中有化權的人，能有說服力，能搧動群眾，可從政。

戀愛運

（獅子座‧巨門）的人，是超會談戀愛的人。他們是戀愛獵人，能用心機追求異性，從小便訓練口才追求戀愛目標。長期研究戀愛術，也一定能找到理想的美麗配偶帶妻財給他。人財兩得的本領很高。一生也超幸福。

金錢運

（獅子座‧巨門）的人，財運尚可，表面上看起來不是很多，要靠口才或是非吃飯，也要靠儲蓄存錢。某些有爆發運的人也會發富。他們都會享受高級生活，捨得買高級品來用。但你們的財只是薪水之財。有些是父母配偶給的，或儲存的錢。你們會膽大包天，敢於投資或賭博，如收利息，或做股票等，都會轉來轉去而致富。

事業運

（獅子座・巨門）的人，其工作運只是一般薪水族格局。此命格的人做房屋仲介、保險仲介、傳銷、教師、律師的人很多。其他如業務員、法官，金融操作員，很會賺錢。有貴格的人能成為政府官員，或民意代表，大學教師。

健康運

（獅子座・巨門）的人，身體建康。但要小心消化系統、大腸的問題、淋巴系統、血液、尿道、及內分泌系統、淋巴癌、耳朵、心臟等問題。

磁場相合的星座與命格

（牡羊座・太陰）♥♥♥♥♥
（雙子座・天機）♥♥♥♥
（摩羯座・同梁）♥♥♥♥
（雙魚座・太陽）♥♥♥♥

不想與其溝通的星座與命格

（射手座・破軍）

（射手座・破軍）的人說話油滑、不實在。（獅子座・巨門）的人自己也油滑，根本不相信他。。

獅子座＋天相命格的人

命運特質

（獅子座•天相）的人，是出生在大暑後金水進的時節。天相屬水，因此稍旺。此命格的人，比較有福氣。更會衣食享受上也更好。是勤勞有福、公平、正直、公正，老好人。

（獅子座•天相）的人，個性開朗，熱心，會為環境帶來熱鬧氣氛。同時也是勤勞的福星，能平復環境中的是非紛爭與窮困。會使家庭或環境中生財。例如企業機構有麻煩，可得到解決。同時也是企業與朋友的福星。此人能幫助人，能創造生意及財富，有貴格的人，能在政府機關為百姓創造福利。

戀愛運

（獅子座•天相）的人，他們有自己的正義標準。在愛情上，他們喜歡大膽及有點誇張的人，容易被外在的假象被騙。通常他們的外在環境都較複雜混亂，加上對情人或配偶不瞭解，故而婚姻不美。但是本性懦弱的天相坐命者，反而可找到強勢會賺錢的配偶。

金錢運

（獅子座•天相）的人，財運頗佳。精於賺錢和理財，很會儲蓄。你們喜歡做會計、理財行業或金融業，喜歡親手摸錢、數鈔票的滋味。此外，有些人的父母會給他們家產，所以他們能享用財富還不少。

事業運

（獅子座•天相）的人，工作運不穩定，有高低起伏，但你們喜歡穩定。會找一個地方固定的待著，努力打拼工作。你們老實勤儉，聽話、肯做事，職位不高，會負責任做事。你們只會為生活打拼，不計較職位的高低。

健康運

（獅子座•天相）的人，健康可以。但要小心高血壓、頭痛、泌尿系統、膀胱、內分泌系統、糖尿病、耳朵、腎臟、淋巴系統的問題。

磁場相合的星座與命格

（牡羊座・天府）❤❤❤❤❤

（雙子座・同梁）❤❤❤❤

（摩羯座・天同）❤❤❤❤

（雙魚座・紫破）❤❤❤❤

不想與其溝通的星座與命格

（雙魚座・七殺）☃

（雙魚座•七殺）的人有自己的做事方式，一定要別人聽他的。（獅子座•天相）的人喜歡創新，不喜古板老套，彼此看不慣。

獅子座＋天梁命格的人

命運特質

（獅子座•天梁）的人，是出生在大暑後金水進的時節。天梁五行屬土，會洩弱。此命格的人有些氣弱。天梁為蔭星，天生有蔭庇，此時有一點蔭庇不足，復建你的家庭和環境的力量，也略顯不足。但仍會外形厚重，善良，有宗教信仰。會多做善事，韜光養晦。

（獅子座•天梁）的人，有貴格『陽梁昌祿格』的人，會一生成就會高。由其壬年生人，有『天梁化祿』的人，必靠此格來讀書致仕，有高收入。命宮居陷在巳、亥宮的人，四處飄零，愛玩。一事無成。

戀愛運

（獅子座•天梁）的人，喜歡口才好，愛說話的對象。也喜歡在追求上有些困難度的對象，這樣你們才會有征服感。因此戀愛上是非多、或糾纏不清。結婚後，發覺配偶很難搞，囉嗦又愛吵，常吵架不合。

金錢運

（獅子座•天梁）的人，財運是『機月同梁格』。只是領月薪的人。有貴格的人會知識水準高、賺錢多。沒有貴格的人只是小上班族。有爆發格的人會多得錢財。此命格的人，一定要名揚四海才會得大富貴。否則做廟公也能生活。

事業運

（獅子座・天梁）的人，喜歡工作運穩定。你們做事按部就班的孜孜努力。通常會經過考試升等而高升。有貴格的人會做技術官僚或高階主管、也可做老闆。有些會做作家、或做廟公、牧師等。有爆發運的人會爆發富貴。你們適合的行業有教書、宗教業、慈善業、醫療業、護理師、照護等工作。

健康運

（獅子座・天梁）的人，身體健壯。但要小心脾胃問題、肺部、支氣管炎、感冒、大腸、糖尿病、免疫能力等問題。

磁場相合的星座與命格

（牡羊座・太陽）♥♥♥♥♥

（雙子座・同陰）♥♥♥♥

（摩羯座・太陰）♥♥♥♥

（雙魚座・機巨）♥♥♥♥

不想與其溝通的星座與命格

（摩羯座・武殺）

（摩羯座・武殺）的人凡事喜歡拼命，容易犯沖。（獅子座・天梁）的人不想跟他有衝突，人生觀和價值觀不同，彼此看不慣。

獅子座＋七殺命格的人

命運特質

（獅子座‧七殺）的人是出生在大暑後金水進的時節。七殺屬金，很旺，此命格的人，個性大開大放，高興時很嗨，大聲笑，低落時，悶不吭聲，懶洋洋。處事上決斷性更強。不肯聽他人意件。獨斷獨行。他們做事肯負責任，很有擔當，愛打拼。

（獅子座‧七殺）的人，極為愛賺錢，愛物質享受。此命格的人賺錢就是為了得到較高的物質享受。本身命旺，財多。但身體健康要小心。肺部與大腸的癌症、車禍要特別小心。你們特愛做老闆，定要強力打拼及奔波才有錢賺。

此命格的人會有貴格的人少，多半以富見稱。有些人還有爆發運，能成為超級富翁的人不在少數。

戀愛運

（獅子座‧七殺）的人，是天生的戀愛獵人，看上了，緊追不捨。戀愛喜速戰速決，佔為已有。分手時也會很乾脆，不喜糾纏。你們心中早已知道喜歡的類型的模型情人，找到配偶很容易。你們的配偶運極佳。

金錢運

（獅子座‧七殺）的人，財運超好。特別愛賺錢，財神也都對你們好，你們對金錢極有敏感力，會知道到哪裡賺錢，打拼一下，會有不錯的進帳。你們大多有爆發運，幾年一次的爆發運會擁有大財富。父母也會留財產給你們，故做億萬富翁很容易。

事業運

（獅子座‧七殺）的人，須要勇於打拼，事業運算事順利的。他們也肯負責任，有擔當的肯做。做軍警職能立大功，博得權力與地位。做文職會窮一些。有爆發運的人，會做衝鋒陷陣的艱難工作。如果做商人，也能賺到大財富。此命格的人大多缺乏貴格的『陽梁昌祿』格，能讀書致仕的人少。但是你們若有有積極的奮鬥目標，也會成功有成就。

健康運

（獅子座‧七殺）的人，幼年身體弱，易感冒生病。長大就好了。但要小心很多傷災、車禍及開刀，還有大腸癌、肺癌，支氣管炎、免疫能力、高血壓、糖尿病等的問題。

磁場相合的星座與命格

（牡羊座‧紫府）♥♥♥♥♥
（雙子座‧武府）♥♥♥♥
（摩羯座‧廉府）♥♥♥♥
（雙魚座‧天府）♥♥♥♥

不想與其溝通的星座與命格

（雙魚座‧陽巨）

（雙魚座‧陽巨）的人智商與能力都低，廢話多。（獅子座‧七殺）的人很不耐煩，彼此看不慣。

獅子座＋破軍命格的人

命運特質

（獅子座・破軍）的人，是出生在大暑後金水進的時節。破軍五行屬水，破軍很旺。此命格的人，時常心情很嗨，愛打拼，奮鬥力超強。也有超強的個性堅毅、好勝心、膽大妄為。你們的命格屬於改革開創的格局，常會成為發明制度的人。但自己卻不喜歡遵行制度，常也是公然破壞制度的人。

（金牛座・破軍）的人，說話狂妄，會疑神疑鬼，做事好大喜功。你的人生常起伏。若有爆發運的人，能得大富貴。事業成功的機會很大。破軍坐命的人，身體大多不好，是必有一破的問題。要小心傷災和病痛的問題。老年易多病痛，壽命不長。

戀愛運

（獅子座・破軍）的人，戀愛運和配偶運大多極好。他們是戀愛老手，在追求戀人方面會打破成規，突破現實的條件，很快能進入全壘打直接上床。他們可以不顧慮對方的婚姻關係，及世俗的眼光或規範，戀愛快速快決。但幸福婚姻是否成立，就要看造化弄人了。

金錢運

（獅子座・破軍）的人，其財運看打拼多寡，有吉有兇。此星座的人是極佳的。你們稍會理財，好運在工作機會上。若打拼努力多一些，財運會很高的。做軍警業的人，可立戰功、賺大錢。做文職的會較窮。此星座的人稍會理財，都會生活順遂。有爆發運的人會得大財富。有貴格的人，會有高地位及掌權機會，為政府官員。

事業運

（獅子座‧破軍）的人，事業運上好運極佳。做武職軍警業，將軍要立戰功，會有大富貴。此命格的人會戰鬥力旺盛，耗財多，你們善於鬥爭、做兇險性高、工作雜亂、艱險複雜多變的工作，賺錢很多。一生大起大落。東奔西走，到處辛苦勞碌能多生財富。也能多享受物質生活。有爆發運的人事業多具成就。

健康運

（獅子座‧破軍）的人，身體大致健康，但要小心頭臉有破相、傷災、車禍、開刀等事。因為必有一破，破在健康。也要小心淋巴癌、泌尿系統、內分泌系統、糖尿病等的問題。

磁場相合的星座與命格

（牡羊座‧武相）♥♥♥♥♥
（雙子座‧同陰）♥♥♥♥
（摩羯座‧紫殺）♥♥♥♥
（雙魚座‧紫相）♥♥♥♥

不想與其溝通的星座與命格

（雙子座‧太陰）

（雙子座‧太陰）的人雖然聰明，時常被愛情騙子騙，（獅子座‧破軍）的人是獵艷高手，彼此有心結。

獅子座＋祿存命格的人

命運特質

（獅子座・祿存）的人，是出生在大暑後金水進的時節。祿存五行屬土，生在初秋，土會洩弱。此命格的人，高與時很嗨，情緒低落時，會懶洋洋。他們是頑固，老實，平常不愛講話，高與時話很多。平常也不合群，因命格中有『羊陀相夾』，和父母、兄弟不和。常有被害妄想症。此命格的人命運多舛，會為人養子，或隨母改嫁，自卑感超深。

（獅子座・祿存）的人，又稱『小氣財神』。吝嗇度日。只顧自己的衣食之祿，不顧別人死活。會拚命存錢，從不肯吃虧。更不隨便發善心去佈施，他覺得自己才是世界上最可憐的人。自己都能賺錢，別人也能自己賺錢，不須他人救濟。他決不投資理財，怕被騙。會把錢財存在家理和銀行裡。

戀愛運

（獅子座・祿存）的人，因超極吝嗇，根本不會追求異性。若有他人追求他，請客吃飯、看電影一定對方出錢，他是不肯出錢的。他們多半採取相親結婚。婚後的家用也要和配偶相互分擔一半。婚姻失和，多半是因為金錢問題而分手。

金錢運

（獅子座・祿存）的人，是守財奴命格。只有有衣食之祿。常因為吝嗇而與家人吵翻，他們很會存錢，捨不得花用。重視錢不重親情。會自己工作賺錢。能得到親生及養父母的遺產。節儉過日子，能擁有房地產，但不會大富。

事業運

（獅子座・祿存）的人，會忠於工作崗位，很守本份，熱愛工作。在做事上能任勞任怨，不會輕易的離職或罷工，也不會隨意請假。會深得老闆信賴。他們專精於專業，是能幹的人才。到很老還不肯退休。雖然職稱不高，常是業界的老師傅、業內的翹楚。

健康運

（獅子座・祿存）的人，幼年身體不佳，常生病。青少年以後慢慢變強壯。他們多半大腸不好，幼年常感冒，因此要小心大腸癌、肺癌、氣管炎、脾胃不佳、頭部、高血壓、免疫能力和四肢酸痛的毛病。

磁場相合的星座與命格

（牡羊座・武曲）♥♥♥♥♥
（雙子座・天相）♥♥♥♥
（摩羯座・武府）♥♥♥♥
（雙魚座・紫府）♥♥♥♥

不想與其溝通的星座與命格

（雙子座・貪狼）

（雙子座・貪狼）的人雖油滑，多浪費錢財，（獅子座・祿存）的人很吝嗇，彼此看不慣。

獅子座＋擎羊命格的人

命運特質

（獅子座・擎羊）的人，是出生在大暑後金水進的時節。擎羊五行屬火金，稍旺。此命格的人，是高興時很嗨，心情低落時，會懶洋洋。他們通常很霸道，又會記恨報復。喜與人競爭，一點虧都不吃。

（獅子座・擎羊）的人，性格更強悍。不服輸。也易在競爭與對抗中受傷。一生多愛佔人便宜，得不到就會陷害人，他們是刑剋的命格，通常會語中帶刺，去螫別人。若有『馬頭帶箭格』的人，能威震邊疆。他們與人相處不易。周圍的人常被他們用話語針刺，十分辛苦。有貴格的人，也能當大官。有爆發運的人會發得較小。他們更要小心傷災、車禍及開刀。

戀愛運

（獅子座・擎羊）的人，佔有慾強，戀愛運不順利。掠奪性也強，喜歡奪人所愛。會用盡手段來得到。得到後不一定珍惜。會對愛人愛到發狂，也會是恐怖情人，殺害或虐待情人。常有與石俱焚的念頭。

金錢運

（獅子座・擎羊）的人，財運不順。工作斷斷續續，有時無法按時發薪，常有窘困的時候。有時會懶惰不工作，有時會做黑道或流氓搶錢。也有人會做啃老族，讓父母養。擎羊就是刀，做與刀、劍相關的行業為佳。譬如做三刀，如理髮師、廚師、剪裁師，或外科醫生。或軍警業會衣食無憂了。

事業運

（獅子座・擎羊）的人，做軍警業、或三刀及三師，如理髮師、廚師、剪裁師，或外科醫生、醫療、寵物醫療、開刀有關的行業，能賺錢。做文職主窮困。還有做喪葬業、垃圾處理、車禍血光、災害救援及解決善後等行業也會賺到錢。你們所做的行業大都是競爭、血光、死亡相關的行業。

健康運

（獅子座・擎羊）的人，幼年難養，長大後強壯。出生時也會讓母親出血多，很危險。某些人的母親也因生子而亡。要小心車禍、外傷、頭面破相，肝腎的毛病、眼睛不好，容易有開刀現象，肺部、大腸，免疫能力等問題。

磁場相合的星座與命格

（牡羊座・天同）❤❤❤❤

（雙子座・廉相）❤❤❤❤

（摩羯座・紫微）❤❤❤❤

（雙魚座・同陰）❤❤❤❤

不想與其溝通的星座與命格

（金牛座・紫府）

（金牛座・紫府）的人吝嗇愛存錢，也怕人來劫財，（獅子座・擎羊）的人對財星有刑剋，兩種人價值觀不同，彼此看不慣。

獅子座＋陀羅命格的人

命運特質

（獅子座•陀羅）的人，是出生在大暑後金水進的時節。陀羅五行屬辛金，稍旺。此命格的人，高興時情緒很嗨，情緒低落時會懶洋洋。他們外表粗俗，看起來也笨，性格頑固，頭臉有破相。身體有傷，或駝背。手足傷害、牙齒斷裂等。

（獅子座•陀羅）的人，若命宮有『天鉞』同宮，其人相貌會較俊俏，可愛。看不出愚笨的樣子。你們必須離開家，外出發展，才會開創新人生。你們容易相信陌生人，不相信家人，也會幼年失蹤，與家人分離。終身是非多，品行不佳、很難教養，常暗中行惡事害人、騙人，又記恨報復。黑道組織中有很多此命格的人。

戀愛運

（獅子座•陀羅）的人，婚姻及戀愛運未必不好，若不順總是他本身問題。議婚時常拖拖拉拉，多是非、又波折不斷。婚姻也不長久。夫妻易相互打架吵架，爭執不斷。最終離婚。他們常是以同居為主的，時常家暴。某些婚姻及戀愛運好的，也能彼此忍讓，相親相愛過日子。陀羅坐命的人與擎羊坐命的人是天生絕配。稱做：鐵杵磨成繡花針。擎羊是針。陀羅是鐵石。

金錢運

（獅子座•陀羅）的人，財運很未

必差，要看工作做多久。錢財因上班時日而定，但容易碰到晚發薪水或拖欠薪水，運氣有夠不佳。做軍警業會順利，財運也會好，可立戰功，有爆發運，也能得大富貴。做生意肯定失敗。

事業運

（獅子座・陀羅）的人，工作總是斷斷續續，只有做軍警業才會穩定及成功，也會有積蓄存款。做文職會窮困，失業。命格中有貴格、高的，能做大官。命格低下者會做墓園、喪葬業者，或撿骨師。工作是會有一票沒一票的做著。

健康運

（獅子座・陀羅）的人，外表大致還好，但會頭面破相，有牙齒的傷害、手足傷，肺部、氣管、大腸、免疫系統有問題，也易生癌症。還有皮膚病或身上長瘤。

磁場相合的星座與命格

（牡羊座・紫微）♥♥♥♥♥

（雙子座・天同）♥♥♥♥

（摩羯座・天相）♥♥♥♥

（雙魚座・同梁）♥♥♥♥

不想與其溝通的星座與命格

（雙子座・巨門）

（雙子座・巨門）的人聰明油滑，很會諷刺人。（獅子座・陀羅）的人討厭酸言酸語，彼此看不慣。

紫微+火象星座
算命更準！

法雲居士⊙著

大家都希望自己很聰明，大家也都希望自己有暴發運。實際上，有暴發運的人在暴發錢財的時間點上，也真正擁有了超高的智慧，是常人所不及的。

這本『暴發智慧王』，就是在分析暴發運創造了那些成功人士？暴發運如何創造財富？如何在關鍵點扭轉乾坤？

人可能光有暴發運而沒有智慧嗎？

如何才能做一個真正的『暴發智慧王』？

法雲老師用簡單明確、真實的案例詳細解釋給你聽！

（11 月 22 日~12 月 21 日）

射手座・星座探秘

●位次與主管事項：

位於第九宮。主管教育、旅行、宗教、法律、外國事務、幽默、無拘無束、享樂、寬大、經驗嚐試等。

●精神能力與特質

具有哲學頭腦和運動體力，
本性愛好自由又精力旺盛的人。
射手座的人崇尚自由、無拘無束，是享樂主義派。同時自由浪漫也濫情的星座。是個神聖的完美主義者。

有陽剛的氣息、寬大體貼的精神，重視公理與正義的伸張。
幽默、剛直率真、健談，人緣好，熱愛運動及旅行。喜歡新的經驗與嘗試，永遠不會放棄希望和理想。

●戀愛速配對象

第一名：牡羊座、獅子座
第二名：天秤座、寶瓶座

●誕生石及幸運色及飾品

誕生石：綠松石
幸運色：紫紅色
幸運飾品：銀色或錫製飾品

●幸運旅行國家及城市

所屬國家與城市：西班牙、匈牙利、澳洲、多倫多、布達佩斯。

射手座

（11月22日至12月21日）

射手座＋紫微命格的人

命運特質

這個射手座月份的人是節氣為小雪到冬至時節的人。紫微五行屬土，土在冬季會洩弱。故此星座的人會格外固執、看起來性格冷冽，較嚴肅，更體面，會擺架子，也特別頑固和自信心強。

（射手座•紫微）的人，愛好自由，喜歡無拘無束。表面上是受人敬重的人。也會常做一些出格的事，或不守法規的事。挑戰一下正規的規範，表示自己運氣超好，不會被抓。他們喜歡掌權及下決定與判斷，喜歡主導事情發展，自有主張。命格中有貴格的人較有成就。否則只是普通一般小市民。

戀愛運

（射手座•紫微）的人，表面上一定要找有用的人做情人或配偶。還注重外表長相，也是外貌協會的人。但是不一定有這麼合適條件的人出現，最後會找個肯聽話的就可以了。如果能被他們控制錢財的人，醜一點也無妨。

金錢運

（射手座•紫微）的人，金錢運尚佳。是屬於衣食之祿的財運。他們雖然喜歡享受，但只是衣食住行的基本款。

命格中有『火貪格』爆發運的人，會有大富貴。否則只是一般普通小老百姓的財富。

事業運

（射手座‧紫微）的人，在工作運普通，會做公務員，或薪水族，有固定收入，他們大多做不必用太多腦筋就能做的工作。可輕鬆吃飯。在機關或企業中做小主管，慢慢升職，領退休金。你們一生好命，如果想多辛苦操勞的打拼多賺錢，常會白忙一場。聰明的人還是會在舒適的環境呆著，有許多小確幸讓你享福。

健康運

（射手座‧紫微）的人，身體健康，縱使有小病也會找名醫醫治。偶而會有感冒或腸胃、消化道的小毛病。真正要小心心臟病、高血壓、腦溢血、中風等問題。

磁場相合的星座與命格

（牡羊座‧武曲）♥♥♥♥♥

（獅子座‧天府）♥♥♥♥

（天秤座‧貪狼）♥♥♥♥

（寶瓶座‧天同）♥♥♥♥

不想與其溝通的星座與命格

（天蠍座‧廉貪）

（天蠍座‧廉貪）的人，是人緣不佳，陰險的人，（射手座‧紫微）的人會明爭暗鬥，彼此看不慣。

射手座＋紫府命格的人

命運特質

（射手座・紫府）的人，是節氣為小雪到冬至時節的人。『紫微・天府』都屬土，因此會洩弱。此命格的人，性格硬一些，頑固一些。一板一眼，讓人信賴。只是財運稍弱一點。在計算能力上不太好，但仍會有幾年一次的爆發運。會在龍年、狗年爆發偏財運，也會多得財富。

（射手座・紫府）的人，陽男及陰女順時針行大運，命運較好的。若逆行大運，則中年才起運。你們若要和夏天生的人在一起，會覺得好運多。此命格的人多半沒有貴格，讀書能力不佳，彼較愛玩、愛自由，但會從小愛賺錢。努力經營也能積存財富和房地產。

戀愛運

（射手座・紫府）的人，愛自由，愛玩，有自己的戀愛觀。會找性格不同的人談戀愛。特別重視性愛，會先同居或試婚，常因性格不合而分手。戀愛多、結婚次數也多。

金錢運

（射手座・紫府）的人，財運普通。命格中火多的人，財多。爆發運也會大。通常你們只有一般生活用度的財富。你們適合存錢和買房地產。老年時生活平順。多增加技能，能多賺錢。

事業運

（射手座・紫府）的人，喜歡自由和玩樂，不想要花用太多腦筋來賺錢。做最簡單、粗俗的工作，就好。做零售業、買賣業，或開個小店，或做薪水族，到便利商店工作，能迅速進財就好了。因為有爆發運的關係，有機會發大財。無法成為集團大老闆或CEO。通常你們學歷不高，又缺少貴格，能成就大事業的機會很少。如果能做金融業、股票經紀、保險經紀、或是銀行行員。已經是很好的機運了。不過你們有爆發運，還有貴人運，還會有別的貴人管道讓你們大發富貴的。

健康運

（射手座・紫府）的人，健康良好。但要小心脾臟、大腸等問題。有時有肺部、感冒、耳病的問題。也要小心乳癌，或生殖系統的毛病。

磁場相合的星座與命格

（牡羊座・武曲）❤❤❤❤❤

（獅子座・七殺）❤❤❤❤

（天秤座・廉相）❤❤❤❤

（寶瓶座・紫殺）❤❤❤❤

不想與其溝通的星座與命格

（金牛座・廉破）☃

（金牛座・廉破）的人對自己大方，對別人吝嗇，（射手座・紫府）的人雖會惜財，但討厭不顧面子的人，看不慣。

射手座＋紫相命格的人

命運特質

（射手座・紫相）的人，是節氣為小雪到冬至時節的人。紫微屬土，冬季洩弱，天相屬水，福星生旺。此命格的人，更會享福，也很會料理事情。但復建及恢復還原的力量，會弱一點。

（射手座・紫相）的人，姓格彼較沒那麼悶了，你們較喜歡自由，較無拘無束，喜歡新鮮事物，喜歡出國，或向外跑，看起來有些奔波，但到處遊歷對你們有好處。你們會較隨和、沒那麼愛鑽牛角尖，和大家打成一片，不太高傲了。有時會服務他人，對人公正、公平。此命格的人會重視享福，性格仍略微急躁，凡事過得去便好。不太會凡事都注重自己的體面。你們財運特別不錯，喜歡用精美衣食來表現富裕。

戀愛運

（射手座・紫相）的人，外貌體面，形象是老好人。愛服務他人，得人喜愛，也會對情人或配偶服務，他們不了解異性，但只憑此招就能擄獲情人的芳心。婚後不擅戀愛手段的樣子會顯露出來，讓配偶覺得上當。

金錢運

（射手座・紫相）的人，財運頗佳，喜歡理財，但不一定會算帳。他們進財容易，生活享受好。大部份錢財花在衣食享受上。在儲蓄方面未必強。，偶而也會寅吃卯糧，不過很快可平順。

紫微＋火象星座 算命更準！

事業運

（射手座・紫相）的人，工作運須要營謀，多方籌劃才會有發展。此命格的人喜歡對衣食、或生活物品作細節方面的設計。也喜歡料理人際關係方面的問題。經常會無法堅持到最後，最終無法成功。他們是復建能力強的人，總出現在企業機麴有問題的時候。他們適合作料理雜亂、爭鬥多、或破爛叢生的環境中。有時也多在衣食界打轉。

健康運

（射手座・紫相）的人，身體健康。但要小心脾胃不佳、貧血、淋巴癌及膀胱炎、泌尿系統方面的毛病。或水道系統的問題。亦要小心糖尿病、心臟病、三高、甲狀腺、耳朵等的問題。

磁場相合的星座與命格

（牡羊座・武府）♥♥♥♥♥

（獅子座・廉貞）♥♥♥♥

（天秤座・同梁）♥♥♥♥

（寶瓶座・破軍）♥♥♥♥

不想與其溝通的星座與命格

（雙子座・廉貞）

（天秤座・廉府）的人個性太隨和，有些假假的，（射手座・紫相）的人覺得他有問題。彼此看不慣。

射手座＋紫貪命格的人

命運特質

（射手座・紫貪）的人，是節氣為小雪到冬至時節的人。因為紫微屬土，貪狼屬木，本身有點土木相剋，紫微土洩弱。貪狼為冬木，反生為剋。所以此命格的人，雖喜歡自由、無拘無束，但運氣並不特別好，反到是常懶洋洋的。命格中有一點火，對他們來說，才是好的。所以多穿紅色系列的衣物用品會為你們帶來好運。你們比較平民化一點，不那麼注重體面和驕傲了。

（射手座・紫貪）的人，很會展現優雅迷人體態，散發性感。追求升官機會。你們能找到有幫夫運或幫妻運的配偶，能助你人生高升。人生幸福，享受也多。具有貴格的人，會有大成就。有爆發運的人，有大富貴。

戀愛運

（射手座・紫貪）的人，戀愛運超佳。愛享受與享福是你們的強項。多金的配偶也會選上你們。你們外型體面有人緣，能判斷出實質對自己有幫助的最佳配偶。你們會精神與肉體並重，婚姻幸福。

金錢運

（射手座・紫貪）的人，是運氣普

通，財運不佳的人，此命格貪狼的好運少一些，賺錢能力也並不佳。要靠能幹的配偶來幫你生財、理財。如果你有爆發運，財富才會多。

事業運

（射手座・紫貪）的人，做軍警職為佳，做上班族或薪水族的工作，賺錢少。有爆發運的人，能有大成就，能財官雙美，有快速升官或升高職的機會。命格中有化權、化祿的人，人生地位也會升高。有貴格的人，能做高官。

健康運

（射手座・紫貪）的人，身體康健，但要小心脾胃問題、高血壓、心臟病等，以及耳病、或性病。手足神經系統不佳。

磁場相合的星座與命格

（牡羊座・天府）♥♥♥♥♥

（獅子座・廉府）♥♥♥♥

（天秤座・祿存）♥♥♥♥

（寶瓶座・天梁）♥♥♥♥

不想與其溝通的星座與命格

（牡羊座・機巨）☃

（牡羊座・機巨）的人愛賣弄知識，愛吵架。（射手座・紫貪）的人注重體面，不想惹他，懶得理他。

射手座＋紫殺命格的人

命運特質

（射手座•紫殺）的人，是節氣為小雪到冬至時節的人。七殺屬火金，生於冬季水多，會使金氣閃亮，但紫微屬土會洩弱。因此此人的打拼力量會強一些愛打拼奮鬥，苦幹精神與耐力更強。決斷力也更強。衝鋒陷陣無所不能。但紫微的復建力量是弱的。所以他們操勞多，享福較少。傷災會多一點。

（射手座•紫殺）的人，愛好自由，會東跑西跑的，會做奔波的行業，不喜歡固守一個地方。所以做旅行業的人較多。或常移防的軍警人員。其他做運輸業，或計程車行也不錯。他們獨斷獨行，很少跟別人一起共事。雖喜歡賺錢，只有他喜歡做的事才會做。

戀愛運

（射手座•紫殺）的人，愛自由，也不喜歡管別人，平常也不常在家，愛東跑西跑，所以喜歡聽話、愛看家、不囉嗦、有點懦弱、不抱怨的人做情人或配偶。戀愛由他主導。

金錢運

（射手座•紫殺）的人，財運奔波上有好運，牛、羊年會有爆發運，平常路上遇有意外之財。他們稍有積蓄，也會買房地產。一生暢快，旅遊和財富一起。

事業運

（射手座•紫殺）的人喜愛旅遊和賺錢一起。一邊玩一邊賺錢最快樂。他們喜歡出差，既有錢財可賺又可跑來跑去到處看看。他們也會做雜亂、複雜、鬥爭多、或修理破爛機械的工作。他們愛做擁有官名的職位，無法做個螺絲釘。他們做武職（軍警職）易有大成就。文職不佳，會賺錢少。

健康運

（射手座•紫殺）的人，身體佳。但要小心淋巴癌、膀胱、尿道、以及生殖系統的毛病。或乳癌、下腹部疼痛的問題。

磁場相合的星座與命格

（牡羊座・武府）❤❤❤❤❤

（獅子座・武貪）❤❤❤❤

（天秤座・天相）❤❤❤❤

（寶瓶座・廉破）❤❤❤❤

不想與其溝通的星座與命格

（天蠍座・巨門）

（天蠍座•巨門）的人陰險、囉嗦、是非多。（射手座•紫殺）的人嫌麻煩，彼此看不慣。

射手座＋紫破命格的人

命運特質

（射手座‧紫破）的人，是節氣為小雪到冬至時節的人。紫微屬土會洩弱，破軍屬水，生月是冬季，生水更多。是混有土的水。此命格的人會在破軍的性質強一些，紫微復建的性質較少。反覆無常的狀況多。他們喜歡打拼及耗財多，生活等級會下降。

（射手座‧紫破）的人，是喜歡自由、無拘無束的人，愛東奔西跑，到處遊玩。做船員或飛機機師最好。他們和朋友關係淡，多接觸會是非多。紫微復建的力量少，破軍的力量較大，因此人生的波動大。你也會對周遭環境中的人、事、物不滿，但也不會太在意。你會好高鶩遠，只過一般百姓生活。

戀愛運

（射手座‧紫破）的人，戀愛運不佳，你們對人挑剔，別人更挑剔你們。你們愛自由、旅遊中常遇到露水鴛鴦的愛情。是屬於隨遇而安的感情模式。一生裡會有多次婚姻。

金錢運

（射手座‧紫破）的人，你們愛自由，但喜歡有固定錢財進帳，所以會做薪水族，你們喜歡出差，或做船員機師等，或是導遊等旅遊業人員。要付出較多的勞力來賺錢。你們記帳算帳很差，理財及做生意都不行。

事業運

（射手座•紫破）的人，做軍警職最好。做文職不佳。其他如旅遊業、運輸業、船員、機師等較好。你們喜歡奔波的行業。工作會起伏不定，也會常變化轉職、轉業。一般人會做沒有職稱，或職位不高的工作。最適合有較多競爭與鬥爭的行業，如政治圈或軍警業，能升到高位，得到富貴。

健康運

（射手座•紫破）的人，身體健康，但中年以後要小心糖尿病、脾胃、耳朵，泌尿系統或淋巴癌等的毛病。

磁場相合的星座與命格

（牡羊座•武相）♥♥♥♥♥

（獅子座•天相）♥♥♥♥

（天秤座•天梁）♥♥♥♥

（寶瓶座•廉貪）♥♥♥♥

不想與其溝通的星座與命格

（獅子座•巨門）

（獅子座•巨門）的人會驕傲又會批評人，（射手座•紫破）的人不能忍受比自己還挑剔的人，會強加防範。

射手座＋天機命格的人

命運特質

（射手座・天機）的人，是節氣為小雪到冬至時節的人。天機五行屬木，冬木為歸根復命之時，主病氣。此命格的人，常易運氣不佳，身體易寒涼感冒，適合多穿暖色調的衣物用品為佳。你時常懶洋洋的提不起勁，對很多事情都不滿意。你們熱愛自由，常覺得被縛綁住，而心情不佳，也不愛動。但只要你動起來，或到處跑跑，就會覺得運氣大好起來。你們是聰明內藏的人，運動與旅遊會幫助你們有壯麗的人生。

（射手座・天機）的人，善變、性子急，愛計較。必須有貴格才會有大成就。

戀愛運

（射手座・天機）的人，喜歡自由、愛玩，多半在旅遊中遇到對象。這個對象可能是多照顧他一下，或是多原諒一下他的錯誤，讓他覺得有好感而形成戀愛機緣。但戀愛運並不順遂。會晚婚或結不成婚。

金錢運

（射手座・天機）的人，是薪水族財運，有父母會資助他。即使父母走了，還有遺產可用。父母多少都比他富裕。

此命格的人財運不佳。但會平順過日子。當火土年時會財運佳。

事業運

（射手座・天機）的人，過薪水族生活。生平無大志，不會辛勞賺錢。某些人在家族企業工作，守祖業也能無憂生活。此命格太冷，工作會不順，得財不多，思想也會打結。若逢火土年，你們才會打拼，事業運會向上。若有貴格的人，會事業有成。

健康運

（射手座・天機）的人，身體還好，會有手足傷，破相。但要小心肝、腎、肺部及大腸、脾胃、的毛病。也要小心性無能的問題。

磁場相合的星座與命格

（牡羊座・太陽）♥♥♥♥♥

（獅子座・同梁）♥♥♥♥

（天秤座・太陰）♥♥♥♥

（寶瓶座・巨門）♥♥♥♥

不想與其溝通的星座與命格

（寶瓶座・破軍）

（寶瓶座・破軍）的人有王子病或公主病，（射手座・天機）的人不想寵他，常檢討他，彼此看不慣。

射手座＋機陰命格的人

命運特質

（射手座‧天機、太陰）的人，是節氣為小雪到冬至時節的人。天機屬木，生於冬季，冬木為歸根復命之時，主病氣。太陰屬水，多而陰寒。此命格的人，多情緒化，常懶洋洋提不起勁。但又愛自由，不喜別人管他，會躲避他人，自己東跑西跑，常做無謂的奔波。

（射手座‧機陰）的人喜歡移動，容易搬家和調職，在一個地方待不久。也愛疑神疑鬼，回家也會繞彎才回家。他們很愛哭，情緒常低潮。他們會有貴人介紹工作，財運還平順。有『陽梁昌祿格』貴格的人，會學歷好，成就較高。

戀愛運

（射手座‧機陰）的人，情緒多變，常鬧脾氣，有公主病和王子病，自認嬌貴，戀愛運算不錯。會有情人或配偶來疼愛，他們會找較陽剛又寬容的人做配偶。陰陽相合，會找到合適的戀愛對象做配偶。選夏天生的雙子座會十分相合，一起旅遊，周遊列國很愜意。

金錢運

（射手座‧機陰）的人，必是薪水族人員。你們會找經常出差的工作，東跑西跑的。做久一點就會生活順利。其實你的父母富裕，會留財產給你。你的人生有起落變化。你須要戀愛滋潤，如果離婚了或沒戀愛可談，也會窮困。

事業運

（射手座・機陰）的人，長輩或熟人會介紹工作給你。你有蔭庇和貴人運，就算做軍警業，也會升職很快，運氣特佳。但你的一生還是會起起伏伏，無法做生意，會有敗局。命格中有貴格的人，會有成就。

健康運

（射手座・機陰）的人，健康不錯，要小心手足之傷，車禍，肝腎、大腸、淋巴癌、乳癌、子宮等的問題，以及性生活方面的問題。

磁場相合的星座與命格

（牡羊座・巨門）❤❤❤❤❤
（雙子座・天梁）❤❤❤❤
（天秤座・太陽）❤❤❤❤
（寶瓶座・天同）❤❤❤❤

不想與其溝通的星座與命格

（金牛座・破軍）

（金牛座・破軍）的人是對別人小氣，對自己大方的人，（射手座・機陰）的人無法認同，彼此看不慣。

射手座＋機梁命格的人

命運特質

（射手座•天機、天梁）的人，是節氣為小雪到冬至時節的人。命格本身就是土木相剋。天機屬木，冬木在病位，天梁屬土，天梁也洩弱。此命格的人，內心軟趴趴的提不起勁。只會自己窮忙，東跑西跑的。

（射手座•機梁）的人，喜歡自由，對別人都不認同。自以為聰明，對很多事都不用心，也不會參與別人的是非了，會每天忙自己的。他的貴人運也較弱，不喜歡別人管，也不喜歡長輩的關心，命格中有貴格的人會有成就。此命格的人有爆發運，在牛、羊年會爆發，人生會大起大落。也有富貴。

戀愛運

（射手座•機梁）的人，喜歡能跟他說笑話閒扯的人、開開玩笑，就能越走越近，成為配偶。他喜歡吵吵鬧鬧熱鬧的過日子，也會為錢財吵到離婚。

金錢運

（射手座•機梁）的人，是薪水族。此命格的人，貴人運不強。父母、長輩未必有錢給他。他們有『武貪格』爆發運，在牛年、羊年自己會爆發偏財運，你們須要火多一點，向南方或天氣

紫微＋火象星座 算命更準！

熱的地方去簽樂透，會發富。

事業運

（射手座・機梁）的人，薪水族格局。生平無大志。工作發展不大，沒有遠大目標，每天等著發薪日。適合做修理器具、收拾殘局或整理帳務的工作。例如會計、記帳員、電器修理、舊物回收、倉庫管理、保險員等。此命格的人若有貴格，會有高學歷和大成就，地未業會高。他們有爆發運也容易成功。

健康運

（射手座・機梁）的人，健康運佳。但要小心脾胃、肝腎、大腸等消化系統的問題。手足傷、臉面有破相、車禍等問題。也要小心糖尿病、免疫系統的問題。

磁場相合的星座與命格

（牡羊座・陽巨）❤❤❤❤

（雙子座・同陰）❤❤❤

（天秤座・天府）❤❤❤

（寶瓶座・祿存）❤❤❤

不想與其溝通的星座與命格

（金牛座・廉貞）

（金牛座・廉貞）的人對錢財固執、脾氣拗，（射手座・機梁）的人在錢財上搞不過他，彼此看不慣。

射手座＋機巨命格的人

命運特質

（射手座・天機、巨門）的人，是節氣為小雪到冬至時節的人。天機屬木在病地，巨門屬水居旺。故此命格的人，雖也聰明，但偏向於口才方面，或解決是非口舌方面。此時生的人，很須要火來暖命，有火就能有『陽梁昌祿格』的貴格，人生才會有大出息。會有高知識水準，從事學術研究，而有高成就。

（射手座・機巨）的人，也有從武職軍警業的人，也能創造功績。普通做上班族的人，只有賺薪水，理財不佳，身體健康也弱質。此命格的人愛東跑西跑，四處遊蕩遊玩，雖有哲學性思想，但對人生無用，會一事無成。

戀愛運

（射手座・機巨）的人，性格情緒多變，脾氣不佳，戀愛運不順。容易與人有衝突，亂發脾氣後，造成戀情結束。戀愛總不長久。需要情人的特別體貼才會有圓滿結局。

金錢運

（射手座・機巨）的人，屬於薪水族的財運，你們注重專業知識及技術，有化權及化祿的人，能得到好的工作，能有好的收入。你們多半愛讀書，學歷高，做科技業、學校教書，工作很穩定。但你們不會理財，能有積蓄。辛苦能買一棟房子。可能父母也會給財產。

事業運

（射手座・機巨）的人，有貴格的人，會有高學歷，及好名聲，做科技業、理工科的人，工作高陞機會多。你們喜歡單一機構的工作模式。若虎年或猴年有爆發運的人，很容易出大名並富有的。

健康運

（射手座・機巨）的人，身體健康。但要注意脾胃的毛病，小心淋巴系統、血液系統或泌尿系統，如膀胱、尿道、腎臟、消化系統、甲狀腺、免疫系統等的問題。以及手足有傷災或車禍問題等。

磁場相合的星座與命格

（牡羊座・天同）❤❤❤❤❤

（雙子座・陽梁）❤❤❤❤

（天秤座・日月）❤❤❤❤

（寶瓶座・紫相）❤❤❤❤

不想與其溝通的星座與命格

（金牛座・廉破）

（金牛座・廉破）的人說話難聽，計較錢。（射手座・機巨）的人很難忍受他們斤斤計較，彼此看不慣。

射手座＋太陽命格的人

命運特質

（射手座・太陽）的人，是節氣為小雪到冬至時節的人。太陽五行屬丙火，生在冬天，冬火受剋。性格會有些懶洋洋，沒那麼起勁熱絡了。但仍然會說話大聲。而且加倍直爽，會寬大、坦白、少心機。他們愛好自由，喜歡東跑西跑，更操勞。顯現『天行健，君子自強不息』的本性。個性也會更大咧咧的。會得到長輩的喜愛。

（射手座・太陽）的人，雖喜歡工作，有責任感，但常會白忙。或有點無頭蒼蠅般的忙。還是有貴格的人，能有名聲，財運好。有『陽梁昌祿』貴格的人會有高學歷及大成就。

戀愛運

（射手座・太陽）的人，喜歡陰柔的異性。有些人易早婚，某些人會晚婚。他們性格較陽剛，大而化之，對愛情沒有概念，常覺得婚姻生活寡淡無味。經常有人會外遇尋找愛情，但隨後又回家了。他們很難了解愛情的真諦。

金錢運

（射手座・太陽）的人，多半是領薪水的上班族。無法做生意。他們喜歡怕麻煩。即使做老闆也會請別人來經營，但會失敗。若有父母或祖先留的財產可維生的人，就能管理財產和收租來生活。

事業運

（射手座・太陽）的人，天生口才好，也會用口才或與是非糾紛來賺錢。做學校老師、法官、律師、保險業、廣播員。適合做公職考公務員或在國家機構、政府機關工作。有貴格的人，會先有名聲，能得大成就與富貴。你們天生愛工作，但中年以後會怠惰。

健康運

（射手座・太陽）的人，身體健康，但要小心高血壓、心臟病，以及腦中風等的疾病。有些人要小心糖尿病和高血脂、及膽固醇過高的毛病。

磁場相合的星座與命格

（牡羊座・太陰）♥♥♥♥♥
（雙子座・天同）♥♥♥♥
（天秤座・同梁）♥♥♥♥
（寶瓶座・同巨）♥♥♥♥

不想與其溝通的星座與命格

（天蠍座・廉貞）

（天蠍座・廉貞）的人陰險多計謀，會針對人有計劃的惹麻煩，（射手座・太陽）的人不想招惹他。看不慣他。

射手座＋陽梁命格的人

命運特質

（射手座‧太陽、天梁）的人，是節氣為小雪到冬至時節的人。太陽屬火，冬火不旺。天梁屬土，洩弱。此命格的人，會較懶洋洋提不起勁。天梁的蔭庇及復建功能也較弱。太陽被剋不旺。故必須要有『陽梁昌祿格』，其人才會有成就。要不然會懶散工作運不佳。

（射手座‧陽梁）的人，喜歡東奔西跑和白忙，此命格的主軸就是長輩運和貴人運。但生在射手座會不強，因為愛自由，不喜歡別人管，拒絕長輩運和貴人運，如此不但接受不了好的教導與幫助，就連升官運和財運都會差。更會操勞和白忙。再之，桃花運並不那麼強，是非糾紛會變多。

戀愛運

（射手座‧陽梁）的人，表面看他們桃花多，受人喜愛，但實際上戀愛運不佳。他們內心總有很多的置疑跟問題。自己又喜歡逃避責任，愛自由、愛東跑西跑，最後會找到懶惰、愛玩，話多，又喜表功，遇事推諉的配偶。

金錢運

（射手座‧陽梁）的人，財運普通，薪水族生活。必須有貴格的人，才有大富貴。你會擁有家產。命宮在酉宮的人，會人生飄盪，會做跌打損傷、四處行走的算命師，或按摩師父的營生，過活養家。

事業運

（射手座・陽梁）的人，事業運不佳。你不在乎工作及地位。有貴格的人，能參加國家考試高中，得到高地位的工作。無貴格的人，只會是一般的上班族。你們凡事想得開，愛自由，愛出國旅遊，也滿懷善心，因此做慈善事業、國際社工最合你們心意。

健康運

（射手座・陽梁）的人，身體健康，但要小心高血壓、腦中風、脾胃的問題，或糖尿病、皮膚病。子時、午時生人，會健康與財運都不好，易早夭。

磁場相合的星座與命格

（牡羊座・太陰）♥♥♥♥♥
（雙子座・同陰）♥♥♥♥
（天秤座・同梁）♥♥♥♥
（寶瓶座・機巨）♥♥♥♥

不想與其溝通的星座與命格

（雙魚座・七殺）

（雙魚座・七殺）的人情緒化又蠻幹，（射手座・陽梁）的人覺得不可思議，價值觀也不同。

射手座＋日月命格的人

命運特質

（射手座・太陽、太陰）的人，是節氣為小雪到冬至時節的人。太陽屬火，太陰屬水，生於冬季，太陽受剋，太陰居旺。此命格的人，會情緒多變，愛哭，稍柔美，陰氣盛、陽剛弱。人生會做上班族，主富不主貴。工作不積極，常懶洋洋的。

（射手座・日月）的人，愛享福，喜歡戀愛。即使有貴格的人也一樣在工作上不積極，只是學歷稍高，不重成就，或未必不工作。只等待戀愛和享福的生活到來。他們愛好自由，瀟灑、無拘無束，常四處遊玩過日子，偶而沒錢了會短暫工作一下。

戀愛運

（射手座・日月）的人，愛好自由，常四處遊玩過日子，專以找尋戀人為人生目標。要過享福的生活。一心只想找到能給他們良好物質生活的愛人。戀愛未必順利。稍微挑選還是可找到好配偶的。

金錢運

（射手座・日月）的人，是天生薪水族。要看原來家境的富裕程度，父母多金的，他會享福多生活好。若父母窮的，則生活也窮。他們自己工作不積極，不會賺錢，財運不穩定。大運的變化起伏多，也會使他們人生跳躍變化多。但他們能忍耐小有積蓄的生活。

事業運

（射手座‧日月）的人，工作運很差，缺貴人。你們喜歡談戀愛，不參與工作賺錢方面的競爭。愛東跑西跑，作事不積極，無上進心，通常會做沒有職稱的工作，如老師、秘書、顧問，工作不長久，常因情緒起伏而換工作。

健康運

（射手座‧日月）的人，身體尚可，但要小心有傷災、車禍。還要小心血液的問題。要小心一切與手足神經有關的問題。

磁場相合的星座與命格

（牡羊座‧同梁）❤❤❤❤❤
（獅子座‧天同）❤❤❤❤
（天秤座‧巨門）❤❤❤❤
（寶瓶座‧天梁）❤❤❤❤

不想與其溝通的星座與命格

（牡羊座‧廉破）

（獅子座‧廉貞）的人說話口沒遮攔、不好聽，（射手座‧日月）有公主王子病，覺得受欺負，彼此看不慣。

射手座＋陽巨命格的人

命運特質

（射手座•太陽、巨門）的人，是節氣為小雪到冬至時節的人。太陽屬火，冬日不旺，巨門屬水，較旺。此命格的人，廢話超多，嘮叨多，很愛講不停，做事會不積極，懶洋洋。你們愛自由，喜歡東跑西跑，做事馬虎，常白幹。而且未到中年就懶惰想退休了。一生是非多，口舌問題不斷。

（射手座•陽巨）的人，在工作上是做做停停、斷斷續續的，欲振乏力的。人生中不順暢，充滿競爭和鬥爭，在戀愛和工作、交友都有競爭。是故麻煩不斷。慢慢你們也習慣了。工作上要做與口才、是非、麻煩、有關的工作會更適合你們。你們是專門替人解決問題的人。命格中有『天刑』的人，會做運送囚犯的工作，在法院、監獄任職。

戀愛運

（射手座•陽巨）的人，本命喜歡與人競爭來追求情人。但又愛自由，東跑西跑，是故會到處旅遊、遊蕩，隨遇而安的參與別人的戀愛競爭來追求戀人。將之當作旅遊樂趣，但並不一定和追到手的對象結婚。有時也會追求失敗，但你自己覺得很值得。至少今生愛過了。

金錢運

（射手座•陽巨）的人，是薪水族格式。父母不富，自己的財運也不佳，但在牛年、羊年有爆發運，可多得錢財。你們的理財能力也差，戀愛及工作會坎坷些，必須要學習賺錢及理財技術，才能生活平順。

事業運

（射手座•陽巨）的人，工作運不佳，既愛自由，東跑西跑的，又有時懶洋洋的，多是非，工作做不長。常斷斷續續。官祿宮是空宮，領薪水不多。你們多半做與口才、糾紛有關的工作。有貴格加『化權』的人會做法官、書記，無貴格的人是一般上班族，適合做小學及幼兒園老師、百貨公司解說員、司法人員、醫護員、保險經紀、接線生等。

健康運

（射手座•陽巨）的人，身體健康，但中年逢到大運不好會有病痛。有膿血之症、淋巴系統的毛病、或大腸、肺部、消化系統潰爛、高血壓、心臟病等，要多買保險。

磁場相合的星座與命格

（牡羊座•同陰）❤❤❤❤

（獅子座•太陰）❤❤❤

（天秤座•機梁）❤❤❤

（寶瓶座•天同）❤❤❤

不想與其溝通的星座與命格

（雙魚座•紫貪）

（雙魚座•紫貪）的人自以為高尚、有階級觀念，（射手座•陽巨）的人會感覺受辱，問題很多。

射手座＋武曲命格的人

命運特質

（射手座・武曲）的人，是節氣為小雪到冬至時節的人。武曲也屬金，故是冷硬之金。此命格的人，愛自由與無拘無束，特立獨行的狀況較厲害。只重視自己的權益和義務，能節儉、吝嗇的過日子。

（射手座・武曲）的人，對錢財敏感，但未必會理財。其人有『武貪格』爆發運，要逢到火土年才會爆發得大，因此他們要發大財都是在火土年。做軍警業也佳，會立大功發大富貴。此命格的人，較少有『陽梁昌祿格』，所以他們最多以主富為主。但無火不發，很多人一生發一次，有些人終身不發。

戀愛運

（射手座・武曲）的人，喜歡配偶有工作能力，或能幫助自己事業。討厭沒用的人。表面上他們很清高，會說清高的話，但對他沒用的人，他是不會多看一眼的。通常他的配偶都很忙碌，會有自己的工作和事業。他們會晚婚，中年後他們會更吝嗇，或不婚。

金錢運

（射手座・武曲）的人，財運並不算好，很喜歡賺錢，但不知方法。又吝嗇金錢，只拚命存錢。但常因東跑西跑，錢財也不易留存。因為田宅宮是天機陷落，財庫很糟，房地產也存不住。此命格的人適合存現金，做金融業、火金類產品的生意、或開餐廳、加油站、咖啡館、燈籠店等。即使做軍警業也不錯，或跟軍需有關、或與立功獎金有關的錢財。辰年、戌年有爆發運，能得大錢財。

事業運

（射手座‧武曲）的人，事業運不錯，會東跑西跑奔波賺錢。從商可做大企業、大老闆，若從軍警職也能升高官。你們天生喜歡賺大錢，不喜小錢，但要小心會好高鶩遠。而且你們喜歡自由，對員工的管理也有問題，理財能力很差，須與人合作，才會賺錢。持續努力，逢火土年會大發成功。

健康運

（射手座‧武曲）的人，身體健康，但要小心大腸癌和消化系統的問題，以及肺癌、支氣管炎、脾胃、糖尿病及泌尿系統、膀胱等問題。

磁場相合的星座與命格

（牡羊座‧貪狼）❤❤❤❤

（雙子座‧紫府）❤❤❤

（天秤座‧天府）❤❤❤

（寶瓶座‧廉相）❤❤❤

不想與其溝通的星座與命格

（金牛座‧破軍）☃

（金牛座‧破軍）的人言行既保守又大膽、吝嗇又耗財多，（射手座‧武曲）的人有些唰仙頭腦不清，但注重錢財不浪費，彼此看不慣。

射手座＋武府命格的人

命運特質

（射手座・武曲、天府）的人，是節氣為小雪到冬至時節的人。武曲屬金更旺，天府屬土會洩弱。此命格的人，愛賺錢，但存錢較弱。

（射手座・武曲、天府）的人，喜愛自由，會東跑西跑，喜歡做出差多的公務員，或軍警人員。或臨時教職，他們會對家中父母兄弟好，與配偶不合。易離婚再婚。如果能忍耐，也能白首。但他們也是脾氣硬的人。人生中常有起伏，貴人少，有貴格的人更少，認真勤勞工作，老時會有積蓄。少部份此命格的人，會做政治業及軍警業的，他們更會利用武曲強硬、堅忍的性格，來完成掌權地位。也更能擁有大財富。

戀愛運

（射手座・武府）的人，配偶運超差，一方面他們愛東跑西跑，生活與工作地點不固定，再則他們愛自由，不願被束縛，更會和性格與價值觀不同的人談戀愛，他們大多晚婚，結婚後天天吵架。也易離婚再婚。

金錢運

（射手座・武府）的人，賺錢能力有一點，理財能力不佳。存錢能力很弱。需要運用智謀才會有大財運。多開財源才能增加及累積財富。工作運還不錯，需要多規劃及經營，就會大進財。但存錢的能力不行，須要改進。你們的父母未必有家產給你，可能你更要負擔家計。

事業運

（射手座・武府）的人，事業運頗佳，你喜歡做各營業點連絡的工作，東跑西跑的，不嫌煩。你對工作很忠誠，能創造良好的業績，是公司老闆及上司很企重的管理人才。如果不是這種具有某種自由度的工作。你會做不長久。你不會自己創業。你對事業有信心，特別是做政治方面與軍警業的人，能有階段性的成功，小有成就。

健康運

（射手座・武府）的人，身體健康，要小心心肺功能、感冒、肺炎、和膀胱、生殖系統的毛病，也怕乳癌、下半身寒涼、高血壓、腹痛等毛病。

磁場相合的星座與命格

（牡羊座・紫相）❤❤❤❤
（雙子座・廉相）❤❤❤
（天秤座・紫殺）❤❤❤
（寶瓶座・天府）❤❤❤

不想與其溝通的星座與命格

（金牛座・貪狼）

（金牛座・貪狼）的人性格強勢，對錢財小心，（射手座・武府）的人無法與他共事，彼此看不慣。

射手座＋武相命格的人

命運特質

（射手座‧武相）的人，是節氣為小雪到冬至時節的人。武曲屬金較旺，會發亮，天相屬水，也較旺。此命格的人，較富裕，有衣食之福。享福多會懶一點。也喜歡東跑西跑，愛玩，隨心所欲。天相本是勤勞的福星，必須勤勞才有財福。此命格的人可靠理財而致富。

（射手座‧武相）的人，命格中有貴格的人，可有高學歷，也可做官，成就較高。你們有父母的蔭庇。亦有家產能主富。無貴格的人也能一生衣食無憂，你們會做和衣食有關的行業，逍遙過生活。

戀愛運

（射手座‧武相）的人，常晚婚，你們不懂戀愛。也不了解異性，又愛享福。你們容易找到原生家庭多糾紛的麻煩配偶及親家，婚姻會負擔多。

金錢運

（射手座‧武相）的人，你們能靠理財多生財富。但耗財也兇，是很愛享福的人。父母會蔭庇你。你也會有好職業和好的收入，父母會給你家產用，一生財福多，享用不完。

事業運

（射手座・武相）的人，工作運超佳，做公務員、或做賣衣食的商人，或開遊樂園、旅館。此命格的人，很容易繼續好的事業。你會繼承家業再發揚光大。你會奔波忙碌，一面工作，一面遊玩，特別愛吃、或愛穿。有貴格的人，會有高學歷和國外旅遊的經歷，加以發揮，事業有成功模型。

健康運

（射手座・武相）的人，身體健康，但要小心高血壓、心臟病、脾胃的毛病，糖尿病、淋巴系統、泌尿系統的問題，常感冒、肺部、支氣管炎、大腸疾病、便秘等。

磁場相合的星座與命格

（牡羊座・紫微）❤❤❤❤❤

（雙子座・武曲）❤❤❤❤

（天秤座・廉府）❤❤❤❤

（寶瓶座・破軍）❤❤❤❤

不想與其溝通的星座與命格

（天蠍座・天機）⛄

（天蠍座・天機）的人陰險聰明又是非多，絕招很多，（射手座・武相）的人較善良，不想理他，自己享福，彼此看不慣。

射手座+武貪命格的人

命運特質

（射手座‧武貪）的人，是節氣為小雪到冬至時節的人。武曲屬金，會更亮較旺。貪狼屬木，是病體，較弱。『武貪』本是爆發格，會有偏財運，但需火來引發。此命格的人，很容易缺火，就不易爆發了，財富也會少。

（射手座‧武貪）的人，喜歡自由，愛東跑西跑，脾氣略古怪，人際關係差一點，愛賺錢，自信心強，在牛年、羊年仍然有爆發運發生。火年、土年會爆發的大。金水年會爆發的小或不發。卯、酉年為衰落期。你要把握住起落的節奏，人生才容易順利及成功。此命格的人只適合做軍警業或生意人，能因爆發運而發大富貴。

戀愛運

（射手座‧武貪）的人，必會晚婚，在三十五歲以後或四十歲以後結婚，會遇到好對象。配偶會理財、又會照顧人。此命格的人雖吝嗇小氣，但對自家老婆、孩子很大方。因此戀愛運好。也特有家庭凝聚力。

金錢運

（射手座‧武貪）的人，財運特佳，賺錢機會特多。但手頭鬆，不會理財，有配偶幫忙理財。牛、羊年的爆發運能賺進大財富。卯、酉年會破敗。人生有變化起落。若連著三個大運好運，能發富為億萬富翁以上。

事業運

（射手座・武貪）的人，工作運氣頗佳。喜歡做東跑西跑的工作，或自由業。你們一生最大的機會在火土年時的牛、羊年的爆發運，若能抓住機會，會發得大而成功。還要小心金水年的卯、酉年會敗落，以防辛苦又爬不起來。此命格的人有貴格的人少。如果有貴格，那就是人中奇葩了，必有一翻作為。

健康運

（射手座・武貪）的人，身體健康。但要小心手足傷、四肢酸痛、肺部、支氣管炎、大腸、消化系統的問題，以及心臟病、高血壓，頭痛症。

磁場相合的星座與命格

（牡羊座・紫府）♥♥♥♥♥

（獅子座・天府）♥♥♥♥

（天秤座・武府）♥♥♥♥

（寶瓶座・紫殺）♥♥♥♥

不想與其溝通的星座與命格

（牡羊座・擎羊）

（牡羊・擎羊）的人會急躁凶狠的刑剋別人，（射手座・武貪）的人很生氣，會躲避他，彼此看不慣。

射手座＋武殺命格的人

命運特質

（射手座・武殺）的人，是節氣為小雪到冬至時節的人。武曲、七殺都屬金，會更亮、更旺。此命格的人，強硬的氣勢很旺，有一股凶勁。你們愛自由，會東跑西跑，不在乎別人的看法。有自己的想法和規矩，不講情面。

（射手座・武殺）的人，從武職（軍警業）最佳，做常調防的軍警人員，會有好的成就。做文職或固定的上班族，會窮困，做不久。也可做體力大勞苦的工作，會很有成就感。你喜歡勞動，喜做決斷性的工作，其他如法官，或獄警。命運多起伏。要注意身體多傷災的問題。

戀愛運

（射手座・武殺）的人，在火土年你會找到靈魂伴侶。你的性格冷感，酷酷的。但婚姻運極佳。你會找到能和你商量及幫助你人生規劃的配偶。配偶也會理財與理家，正是你放心的人。你們婚後頭子難。

金錢運

（射手座・武殺）的人，火土年財運好，須要火剋金，才會多得財。打拼能力也會強。金水年反而財運會不佳，對錢財不看重，喜歡賺立功行賞的錢。所以做軍警業為佳。你們很節儉，有配偶會幫你理財存錢。

事業運

（射手座・武殺）的人，工作運不錯，軍警武職能立大功，成就大富貴。文職不佳較窮。你們不適合做太用腦力的工作，喜歡東跑西跑的工作，常做外勤工作，對你們有益。坐辦公室的工作，會困住你們。你們愛聲名、愛搶功勞，會定人生目標。

健康運

（射手座・武殺）的人，健康良好。但要小心肺部、汽管炎、大腸、膀胱、生殖系統、及下腹部寒涼的問題。女性也要小心乳癌、卵巢、子宮等問題。

磁場相合的星座與命格

（牡羊座・天府）❤❤❤❤

（獅子座・紫相）❤❤❤

（天秤座・廉府）❤❤❤

（寶瓶座・天相）❤❤❤

不想與其溝通的星座與命格

（巨蟹座・同梁）

（巨蟹座・同梁）的人說得多做得少，並不真心幫忙，（射手座・武殺）的人，討厭假惺惺，會趕走他。

射手座＋武破命格的人

命運特質

（射手座・武曲、破軍）坐命的人，是節氣為小雪到冬至時節的人。武曲屬金會亮，較旺。破軍屬水，也旺。此命格的人，性格較冷僻，不太理人。本命是『財逢破耗』，是故財不多。此命格的人愛自由，會東跑西跑。容易耗財，賺錢不多。在火土年當你們進財多時，你們又愛東跑西跑，也不一定去玩，也許去工作，但會一邊玩一邊工作，並不很用心。

（射手座・武破）的人，水冷金寒，較無義。個性剛直，雄心強、勤勉。也會有貴人助你度過低潮。有貴格的人會有大成就。你會周遊四海，到處冒險，你們會有特別的人生。

戀愛運

（射手座・武破）的人，你們有堅強的性格，喜歡自己做主，你們是戀愛獵人，會捕獲漂亮俊俏的對象。你不管抓的是老虎或獅子，愛情多半不長久，是露水姻緣特別多，會有多段婚姻。

金錢運

（射手座・武破）的人，不擅理財，也賺錢不易，會辛苦艱難，跟血光、傷災有關的錢財。做軍警業對你有利，會賺錢簡單又多獎金，生活輕鬆。做文職會窮。你也愛享受，積蓄少。若卯、酉年有爆發運，會發富。

事業運

（射手座・武破）的人，工作運佳，你們少有貴格，成為高階主管機會少。工作中多競爭、多兇險的行業會為你們帶來高薪。軍警業、政治界、或情報人員、或是救難、車禍現場的救助工作、或情報人員，會成為你們職業範圍。做文職不富裕。

健康運

（射手座・武破）的人，身體健康，但要小心高血壓，頭痛、中風、心臟病、糖尿病、脾胃方面的毛病、內分泌及淋巴系統的病症。傷災及車禍等。

磁場相合的星座與命格

（牡羊座・廉相）♥♥♥♥♥
（雙子座・天相）♥♥♥♥
（天秤座・紫相）♥♥♥♥
（寶瓶座・廉貪）♥♥♥♥

不想與其溝通的星座與命格

（金牛座・武貪）

（金牛座・武貪）的人計較錢財，愛工作賺錢，（射手座・武破）的人有時要放空，衝突吵架不斷。

射手座＋天同命格的人

命運特質

（射手座•天同）的人，是節氣為小雪到冬至時節的人。天同屬水，較旺，水冷金寒，也為不義，須要溫暖。此命工作時會懶洋洋，玩起來就有精神。很會享福，但只是懶福。火土年會工作或家運好，財運變旺。金水年生活較苦，較窮，有糾紛麻煩、是非多。

（射手座•天同）的人，超愛享福玩樂。但未必真正享到福，可能只是東奔西跑，一事無成。也沒真正玩到。你們特別不喜別人管，害怕束縛，喜歡自由，天同福星雖很世故，但積極性不足是很大的問題。有貴格的人仍然有成功的機會。做文職極佳。

戀愛運

（射手座•天同）的人，喜歡具有超出自由、超現代、超前衛的思想的人來相戀做對象，討厭守舊、愚蠢的人。你們銳利的眼睛，立即能找到知識水準高、時髦、聰明的人做對象。但易遭騙，更容易碰到狼人情人。

金錢運

（射手座•天同）的人，財運很弱。做薪水族夠生活，但工作未必穩定。要靠家人及父母長輩接濟。有貴格的人，能自足，會衣食無憂。無貴格的人易有窮困日子。

事業運

（射手座・天同）的人，固定薪水的工作是必須的。若在家族事業中工作，也要領薪水。此星座的人財運不佳。個性強，喜歡管事掌權，但無法掌得住權。你沒有馭下的能力，做主管也被欺負。除非命格中有化權，否則在管人方面你無能為力，你是福星，但打拼奮鬥力不足。要成就大事業較困難。

健康運

（射手座・天同）的人，身體健康，但要小心肺部、支氣管炎、大腸、淋巴系統、心臟病、免疫能力下降、耳朵、肝腎、腰痠背痛等問題。

磁場相合的星座與命格

（牡羊座・機巨）♥♥♥♥
（雙子座・機梁）♥♥♥
（天秤座・陽梁）♥♥♥
（寶瓶座・同陰）♥♥♥

不想與其溝通的星座與命格

（金牛座・廉殺）

（金牛座・廉殺）的人非常頑固、吝嗇，喜歡數落別人的缺點，（射手座・天同）的人容易覺得受氣、被欺負，彼此看不慣。

射手座＋同陰命格的人

命運特質

（射手座・天同、太陰）的人，是節氣為小雪到冬至時節的人。天同與太陰都屬水，較旺，但水冷金寒。須火來溫暖。此命格的人，外表酷酷的，為人冷淡。會愛好自由，東跑西跑的去玩，工作提不起勁，財運較弱，命體寒涼，夏天運氣才會好。火年、土年會財運佳，會享到福。

（射手座・同陰）的人，素來以愛情與享受為人生目標。是薪水族命格，在牛、羊年有爆發運，就能富貴一下了。命格中有貴格的人，會成就高，為高級公務員資格的人。

戀愛運

（射手座・同陰）的人，終極思想在愛情與享受。不斷創造艷遇，尋找好的對象。主要是靠情人來照顧生活與財富的。火年、土年會戀愛運好、財運佳，會享到福。此命格的人，戀愛沒有空窗期。很快有其他情人來替代了。

金錢運

（射手座・同陰）的人，是薪水族的格局。你們有情人做靠山，窮運靠窮情人一起相互依偎。富運亦會有闊綽多金的情人供養。你們最大資本就是長相美麗俊俏，你並且在牛、羊年還有爆發運，能過上富足的生活，人生的變化依然起落分明。

事業運

（射手座・同陰）的人，是薪水族『機月同梁』格的人。適合做公務員或薪上班族，你們愛自由，喜歡玩樂，除非空窗期又窮的時候才工作。有戀人就不工作了。工作會斷斷續續仍，不長久。命格中有貴格的人，會有高學歷與成就。某些人的爆發運也會發在工作上。

健康運

（射手座・同陰）的人，身體健康。要小心腎臟和肺部、淋巴系統、泌尿系統的問題、膀胱不好。以及手足之災，還有傷風感冒、乳房、生殖系統的問題。宜多吃紅色、土黃色蔬果。

磁場相合的星座與命格

（牡羊座・太陽）♥♥♥♥

（雙子座・機梁）♥♥♥

（天秤座・天梁）♥♥♥

（寶瓶座・巨門）♥♥♥

不想與其溝通的星座與命格

（射手座・陽巨）

（射手座・陽巨）的人愛東跑西跑，空口說白話，（射手座・同陰）的人，常吃悶虧，彼此看不慣。

射手座＋同梁命格的人

命運特質

（射手座•天同、天梁）的人，是節氣為小雪到冬至時節的人。天同、天梁彼此相剋，是土蓋水。天同屬水，寒涼，天梁屬土被洩弱。此命格的人，享福少。平常做事懶洋洋，提不起勁來。又愛東跑西跑，愛自由。夏天時較起勁，秋冬就畏縮有無力感。

（射手座•同梁）的人，常愛說風涼話。會批評或反諷別人。他是既怕負責，又不想出勞力的人。喜歡閒聊，卻對人無實際的益處。若命格中有貴格的人，會稍有成就。無貴格者白白過一生。

戀愛運

（射手座•同梁）的人，用聰明機靈的口才談戀愛。配偶幾乎都是用口才騙來的。他們不怕是非，把妹的技術一流。外型忠厚，巧言善辯易懵騙戀愛對象。最後會找到薪水高的對象，幫他分擔養家的責任與費用。

金錢運

（射手座•同梁）的人，是薪水族格局。情人或配偶常助其財運，你是以口才聰明來賺錢。你會巴結權貴或高官，但不成功。你在嫁娶有錢的配偶方面用盡心機，讓你得到可享用的財富。

事業運

（射手座・同梁）的人，愛自由，會東跑西跑，不會有事業。但會做些斷斷續續的工作。你們天生聰明，會靠設計、創新的頭腦，找到工作。你們有一張業務嘴，喜歡聊天和遊說人，做憑口才的業務工作，或教書、傳銷等業務，你會工作輕鬆快樂，得到成就感。命格中有貴格及『化權』的人，有機會成功。沒有貴格及『化權』的人，只是一般薪水族，懶懶的工作。你喜歡訴說夢想自我陶醉，藉以自慰。

健康運

（射手座・同梁）的人，身體還好，但要小心肺部、脾胃、膀胱、免疫能力失調、大腸、氣管炎、感冒等疾病。

磁場相合的星座與命格

（牡羊座・天機）♥♥♥♥♥

（雙子座・同陰）♥♥♥♥

（天秤座・天相）♥♥♥♥

（寶瓶座・同巨）♥♥♥♥

不想與其溝通的星座與命格

（牡羊座・廉府）

（牡羊座・廉府）的人小氣吝嗇，常懷疑他人用心。（射手座・同梁）的人會被懷疑被嗆聲，彼此看不慣。

射手座＋同巨命格的人

命運特質

（射手座・天同、巨門）的人，是節氣為小雪到冬至時節的人。天同、巨門都屬水，雖居旺，但命格太寒，容易懶惰提不起勁。要小心身體有病，心臟及淋巴系統不好。你們是愛自由、愛玩，愛東跑西跑的人。一生是非多。

（射手座・同巨）的人，注重玩樂享福之事。父母對你特別優惠，因為你從小身體弱，會稱病請假不上課。工作也是斷斷續續的，有貴格的人會有高學歷和好的工作。有『明珠出海』格的人，會有富貴人生。（※『明珠出海』格請參考法雲居士所著《使你升官發財的『陽梁昌祿格』》一書。）

戀愛運

（射手座・同巨）的人，要看本命的配偶運是否好，你們原來是很會戀愛的人，但生於此星座的人，會命格太寒涼，本命財少，會找到較窮的配偶，會因窮困常吵架。你無法幫配偶升官發財。只是相互埋怨。脫離貧困的方法只有再婚，也未必佳。

金錢運

（射手座・同巨）的人，財運不佳，只有努力工作，或靠父母長輩接濟。

若自己能賺些打工的錢，雖斷斷續續的，生活也能過得去。火、土年你會財運好。金水年要靠家人朋友的幫助了。

事業運

（射手座・同巨）的人，沒有事業運，工作也斷斷續續，愛東跑西跑的玩樂，偶而會做一些短期的工作，算是薪水族的一員。但做不久，有些人會不斷的換工作。有些人會享福，等待家人的接濟。有貴格的人，會有固定的工作，生活不錯。

健康運

（射手座・同巨）的人，表面健康。身體有隱性的病症。要小心耳朵、心臟及內分泌、甲狀腺、淋巴系統、消化系統，腎臟、生殖系統的開刀手術。

磁場相合的星座與命格

（牡羊座・太陰）♥♥♥♥♥
（雙子座・天機）♥♥♥♥
（天秤座・太陽）♥♥♥♥
（寶瓶座・巨門）♥♥♥♥

不想與其溝通的星座與命格

（金牛座・天府）

（金牛座・天府）的人，喜歡工作賺錢。（射手座・同巨）的人自相形穢，彼此看不慣。

射手座＋廉貞命格的人

命運特質

（射手座‧廉貞）的人，是節氣為小雪到冬至時節的人。廉貞屬火，氣勢衰絕。故此命格的人，需火旺，才會財運好，智謀多，企劃能力好。他們喜歡自由，愛東跑西跑，停不下來。好像每天很忙，但實際是瞎忙。忙不出一個結果來。

（射手座‧廉貞）的人，缺火會外觀個性陰沉，性子悶，不開朗。實際有些愚鈍。通常運氣不好。做事愛拖拖拉拉，積極力不足，責任心也不強。雖然貪心及佔有慾還是有的，但常感無力。有貴格的人會有成就。無貴格的人其學歷和事業成就都不高。

戀愛運

（射手座‧廉貞）的人，是性格嚴重無情趣、粗俗的人。雖有桃花，但對情人愛情不深，無情時更會溜走。他們會在夏天談戀愛，到冬天就逍失了。此因命格太寒涼的關係，性格古怪冷酷，戀愛無法長久。中年開始孤獨。

金錢運

（射手座‧廉貞）的人，表面上看起來好，但實際不算好。你們的大財運不多，生活之資是有的。如果要借錢也借得到。你在火、土年能賺錢較多。在金水年會窮困。火土年你們會打拼。金水年你們會懶洋洋。中年以後會怠惰，賺錢更不易。壬年生的人會更窮。

事業運

（射手座•廉貞）的人，火土年會心情好，超愛打拼。金水年會心情低落，頭腦也不清了。你們還是愛賺錢，對政治、掌權、地位都有興趣，更愛做官。有貴格的人能做官。無貴格的人，是小百姓或小商人命格。

健康運

（射手座•廉貞）的人，身體健康，但很勞碌。要小心膿瘡、血液的問題、肝腎和消化系統的毛病。要小心糖尿病、胃病。

磁場相合的星座與命格

（牡羊座•貪狼）♥♥♥♥♥
（雙子座•武曲）♥♥♥♥
（天秤座•紫相）♥♥♥♥
（寶瓶座•武府）♥♥♥♥

不想與其溝通的星座與命格

（天秤座•同巨）

（天秤座•同巨）的人愛批評別人，愛怨別人。（射手座•廉貞）的人嫌麻煩，不想聽，彼此看不慣。

射手座＋廉府命格的人

命運特質

（射手座‧廉府）的人，是節氣為小雪到冬至時節的人。廉貞屬火，較弱，天府屬土，也洩弱。此命格的人，會愛自由，會東跑西跑，愛享受、愛玩，其實是有些怠惰的。他們的財富要到火、土年才會多。或是夏天時才會發奮多賺錢。

（射手座‧廉府）的人，你們喜歡靠人際關係去結交達官顯貴，或多結交朋友來建立關係的。但你們會對人冷淡，不想交際，故不利發財機會。你們會打破世俗觀念來做事。你們少有貴格。通常以富增貴。

戀愛運

（射手座‧廉府）的人，多半會再婚、三婚。你們的感情觀和常人不一樣。會找到和自己價值觀不同的情人或配偶。老年時會孤獨。你們有自己一套選對象的標準，人生中多次解決感情和離婚問題。你們很冷感。

金錢運

（射手座‧廉府）的人，財運普通。夏天運氣好時，會努力賺錢。冬季運氣不佳，會到處求神問卜增財運。你未必相信神明，會為賺錢的事你都會去做。人生中運氣常有起伏，你會生活無憂。

事業運

（射手座・廉府）的人，工作運普通，有衣食之祿。喜歡做與衣、食業相關的行業。也會做能多賺錢的行業。例如做政治業、銀行業、金融業、保險業等。在這些行業中你很平凡。稍能存到一點錢。你的事業就是累積衣食之祿的財富。

健康運

（射手座・廉府）的人，身體健康。但要小心膿血之症、長腫瘤或膿包，以及手足之傷、肝腎毛病、子宮、輸卵管、輸精管、攝護腺等問題。也要小心血液的問題。

磁場相合的星座與命格

（牡羊座・紫微）♥♥♥♥♥

（雙子座・紫殺）♥♥♥♥

（天秤座・武相）♥♥♥♥

（寶瓶座・七殺）♥♥♥♥

不想與其溝通的星座與命格

（天蠍座・貪狼）

（天蠍座・貪狼）的人陰險又貪心，（射手座・廉府）的人不想分出利益，很難溝通，彼此看不慣。

射手座＋廉相命格的人

命運特質

（射手座•廉貞、天相）的人，是節氣為小雪到冬至時節的人。廉貞屬火很弱，天相屬水，氣勢較旺。此命格的人，愛自由，會東跑西跑，做事常白忙一場，很多事情常重新開始，正合了『廉相』在易經上是『一元復始』之意。但人生重複的開機，卻無法向成功的結果邁進。

（射手座•廉相）的人，在夏天會頭腦清楚，打拼能力強，財福多一些。冬天會像無頭蒼蠅東跑西跑，無法賺到錢，財福少。生於此時節的人，你們自己有爆發運。龍年、狗年會爆發。火土年會爆發大。金水年較小或不發。

戀愛運

（射手座•廉相）的人，毫無戀愛術，又自有主張，又喜歡東跑西跑，常不在家，常使配偶抱怨。他們常在旅途中認識對象，成為配偶。外表很忠厚，看起來還老實實在。

金錢運

（射手座•廉相）的人，在同命格中是財運普通，因只有夏天較易賺錢，冬天會賺錢少，你們又愛跑來跑去，做固定的工作較好，閒暇時再兼一份差來賺錢。辰、戌年有爆發運，能為你帶來較大財富。你的父母不富，家財不多，兄弟姊妹不合，父母會疼愛你，會讓你來管理家產。

事業運

（射手座・廉相）的人，工作運就是『武貪格』，逢到龍年、狗年，就會有事業爆發。火土年爆發較大，金水年爆發較小或不發。你適合做軍警業或直接與錢財有關的行業。如金融業、房地產、銀行工作。財運會好得多。

健康運

（射手座・廉相）的人，身體健康。要小心手足之傷，肝腎的毛病。糖尿病、免疫能力較差，以及血液的問題。地中海型貧血等。有『刑囚夾印』格，會有兔唇或傷殘，須多次開刀手術。

磁場相合的星座與命格

（牡羊座・武曲）❤❤❤❤

（雙子座・紫府）❤❤❤

（天秤座・破軍）❤❤❤

（寶瓶座・天府）❤❤❤

不想與其溝通的星座與命格

（雙魚座・機巨）

（雙魚座・機巨）的人情緒多變，知識水準高，愛辯。（射手座・廉相）的人，常心不在焉，搞不過他。

射手座＋廉殺命格的人

命運特質

（射手座•廉貞、七殺）的人，是節氣為小雪到冬至時節的人。廉貞火弱小，七殺屬金會洩弱金寒。此命格的人，常無目的的東跑西跑，好像是愛自由，但實際是頭腦不清的瞎忙。夏天火熱時，他們較正常。也會運氣好、較努力工做賺錢生活。冬天則易情緒低落，很兇，很悶，常有無力感。要小心憂鬱症。你們生性節儉，因為財少，走金水運大運的人會財窮，易走絕路。

（射手座•廉殺）的人，有貴格的人，超會讀書，會有大成就。有『廉殺羊』格局的人，超愛競爭，但身體易有開刀手術，或車禍亡故。你們會少有家財能生活。

戀愛運

（射手座•廉殺）的人，也缺乏戀愛術，脾氣執拗，吝嗇。但你們會找到好幫手做情人或配偶。相親或工作中認識的人而結婚，能找到聽話顧家的配偶。剛好有一個人能配合你。

金錢運

（射手座•廉殺）的人，雖常白忙，財運還好。火土年能賺錢。金水年會辛苦。你們能吃苦與冒險的精神，作軍警業或危險的行業，會爆發主富。

事業運

（射手座・廉殺）的人，做常調防的軍警職最佳。雜亂、救難隊、髒亂或衝鋒陷陣的工作次佳。做文職及從商主窮困。火土年運好多賺錢，會奮發努力。金水年會財窮、提不起勁。有貴格的人，會有高成就。你會有專業技術維生。有爆發運的人，也會短暫成功。

健康運

（射手座・廉殺）的人，身體健康。幼年身體弱。要小心心臟病、血管及血液的毛病。肺部、大腸及車禍的傷害。

磁場相合的星座與命格

（牡羊座・天府）♥♥♥♥♥
（雙子座・武府）♥♥♥♥
（天秤座・武破）♥♥♥♥
（寶瓶座・紫貪）♥♥♥♥

不想與其溝通的星座與命格

（金牛座・廉府）

（金牛座・廉府）的人，吝嗇又重視錢財，只找對他有用的人。（射手座・廉殺）的人很煩感，不去招惹他。

射手座＋廉貪命格的人

命運特質

（射手座・廉貞、貪狼）的人，是節氣為小雪到冬至時節的人。廉貞屬火，較弱，貪狼屬木，也木氣弱。凍木不發。此命格的人，須火來溫暖，有較好的人生。平常會東跑西跑，瞎忙。也常情緒低落，常與人有衝突。人際關係差，會專說不好聽的話。

（射手座・廉貪）的人，最適合做常調防的軍警業，若在巳、亥年有爆發運的人，會有大成就。也會發富。做文職也要有貴格，才會成就稍高。你們常有爛桃花，會聲名掃地。如果能把持得住，不要貪小便宜，努力上進，也會有好聲名的。但機會不大。

戀愛運

（射手座・廉貪）的人，爛桃花很多。你們天生喜歡用下半身思考，喜歡性能力功夫好的人，露水情緣很多。但真正愛戀的人會無法追到。你會死纏爛打，嚇走了戀人。但機緣巧合下又遇到財多愛你的配偶。

金錢運

（射手座・廉貪）的人，財運較差。愛買高級精品及享受，貪戀酒色財氣，常鬧窮。火土年稍好，生活平順。

金水年窮。早點結婚對你有利，配偶會帶財給你。做文職較窮。武職佳。

事業運

（射手座・廉貪）的人，必須做軍警業（武職），有爆發格的人會大發成名。也能做大官。此命格的人也會做科技類、專業類的事業，賺錢較多。做文職窮。有貴格的人，成就會高。但你們未必會頭腦清楚的選擇行業。大運不佳時，也會前功盡棄。夏天出生的配偶對你有幫助。

健康運

（射手座・廉貪）的人，身體健康，但要小心神經系統失調的毛病。手足受傷，肝腎的毛病、性病、及腸胃等消化系統不佳等。

磁場相合的星座與命格

（牡羊座・天府）❤❤❤❤❤
（雙子座・紫破）❤❤❤❤
（天秤座・天相）❤❤❤❤
（寶瓶座・紫相）❤❤❤❤

不想與其溝通的星座與命格

（雙子座・陽巨）

（雙子座・陽巨）的人很聒噪，不喜歡鬱悶的人，（射手座・廉貪）的人人緣關係差，對他看不慣。

射手座＋廉破命格的人

命運特質

（射手座‧廉貞、破軍）的人，是節氣為小雪到冬至時節的人。廉貞屬火，很弱。破軍屬水，很寒，需火土來溫暖。此命格的人，容易破財，賺錢不易。火土年較平順、富裕。金水年不順利易窮困。

（射手座‧廉破）的人，常東跑西跑，做事易白幹也易瞎忙。常敢於做別人不敢做的事，但無意義。此命格的人人緣不佳，會更加狂妄或用腦不多。他們天性會不畏艱難，髒臭，也不畏權貴，但總有些常在狀況外。牛、羊年有偏財運會爆發。會增加財富。

戀愛運

（射手座‧廉破）的人，愛自由，喜東跑西跑，常談出軌的戀愛。或隨遇而安的露水姻緣。你們不重社會規範，敢於大膽嚐試。你會同居不婚，或二婚、三婚。會一見鍾情，突然落入愛情。快速快決，也會很快分手。

金錢運

（射手座‧廉破）的人，財運尚可，你們喜歡買精品。財窮時就會勒緊褲帶。火土年大發，金水年窘困。在夏天財運稍好，冬天較窮。牛、羊年會有爆發運，能多賺錢。做軍警職會收入佳，並能有大富貴的機會。

事業運

（射手座・廉破）的人，做武職或從商能爆發財富。事業運上具有爆發運，官祿宮是『武貪格』，不發也難，在丑、未年會爆發。工作機會多，能大賺錢。若逢火土年，爆發運更大。做文職不富。雖仍有爆發運，但會爆發小。此命格的人，少有貴格。只能靠爆發運了。

健康運

（射手座・廉破）的人，身體表面佳，實際會破破爛爛。但要小心多傷災、車禍、開刀，肝腎問題、糖尿病、免疫能力失調、脾胃及大腸的毛病，也要小心淋巴癌和血液的問題。

磁場相合的星座與命格

（牡羊座・武貪）♥♥♥♥♥
（雙子座・紫相）♥♥♥♥
（天秤座・天相）♥♥♥♥
（寶瓶座・廉相）♥♥♥♥

不想與其溝通的星座與命格

（雙子座・武貪）

（雙子座・武貪）的人爆發運超強，（射手座・廉破）的人內心嫉妒，命格層次不同，彼此看不慣。

射手座+天府命格的人

命運特質

（射手座‧天府）的人，是節氣為小雪到冬至時節的人。天府五行屬土，冬天凍土不發。須火溫暖。此命格的人，賺錢的能力及機會沒那麼好，財庫不豐。存錢方面會存不住。精打細算的能力略差，喜歡東跑西跑，停下來就懶洋洋的無勁。

（射手座‧天府）的人，會有破財現象喜歡賺錢與享受，你希望在靠近金錢的地方任職，事與願違。所以做奔波的收帳人員，或常移防的軍警業會適合你。做會計或金融業反而不佳。做漁船公司的會計是好的。不可做傷災、刀劍有關的行業會刑財也存不住錢。

戀愛運

（射手座‧天府）的人，戀愛運跟婚姻運都不佳。總找到和自己不同價值觀的對象。落入愛情的陷井中，常吃虧上當。也常離婚。二婚、三婚很平常。你們還容易找到性格剛硬還窮的配偶。生活不愉快。

金錢運

（射手座‧天府）的人，愛賺錢及存錢。但財運有起落周期。夏天富裕，冬天財窮。火土年財多、財旺。金水年窮困。雖然存錢有些不易，但仍要努力存錢。天府是財庫星，必要存得住錢，才是財庫。

事業運

（射手座•天府）的人，愛東跑西跑。多做流通大的與財務相關的工作最好。算帳不靈光的人會常窮困。在夏天你們會工作時機好，能賺錢。在冬天財運拮据。不適合做自營商。你們天生有愛管錢的本性，但未必會管帳理財。做收帳員，軍警業較會穩定。

健康運

（射手座•天府）的人，身體健康，重要的是脾胃、大腸的問題。此外高血壓、心臟病、肝腎問題、糖尿病、手足傷、膀胱、生殖系統都要小心。

磁場相合的星座與命格

（牡羊座•紫殺）♥♥♥♥♥
（雙子座•七殺）♥♥♥♥
（天秤座•紫相）♥♥♥♥
（寶瓶座•武府）♥♥♥♥

不想與其溝通的星座與命格

（雙子座•廉破）

（雙子座•廉破）的人花錢不手軟，喜愛高級品，（射手座•天府）的人想節儉省錢，看不慣他。

射手座＋太陰命格的人

命運特質

（射手座•太陰）的人，是節氣為小雪到冬至時節的人。太陰屬水，冬天水冷金寒。此命格的人，容易有憂鬱症，愛哭。因命格寒涼，常情緒低落，本命中也會財不多。

（射手座•太陰）的人，愛自由，又愛東跑西跑，會信宗教，或依靠宗教過日子。本來是喜歡談戀愛的命格，但此時會變得清高、冷淡，不食人間煙火了。本命是以薪水族的格局為主。做奔波的收帳人員，或軍警業會較快樂。你們的異性緣很好，但與女性不合。小心存錢守財，追求精神的慰藉為佳。

戀愛運

（射手座•太陰）的人，愛談戀愛，也愛算命。你們與女性不合，此命格的男性會找陽剛的女性結婚，成為妻管嚴。此命格的女性，很懶散，對戀愛並不積極，會參考算命結婚。婚姻運有好有壞，各憑造化。

金錢運

（射手座•太陰）的人，命格裡有火來暖命生財的，會生活順利。命格寒涼的，會窮困。你們喜歡管錢做會計工作來算帳。但未必能儲蓄財富。你們雖愛買房地產。要看財運好壞，才能積存房地產。火土年較多賺錢機會。有爆發運的人也要在火土年，才發得大。

事業運

（射手座．太陰）的人，喜歡跑來跑去的工作。仍是上班族。朝九晚五，自己開店、開公司，你會看不住。你們適合適合做運輸業、船運業或是在銀行做拜會顧客的工作。不然做常跑銀行的會計。你們適合做計算、文職的工作，做軍警武職也會管文書，鬥爭時要鬥贏，須要有陰險的工夫，你們可能不足。

健康運

（射手座．太陰）的人，健康，但要小心脾胃、大腸、肺部，肝腎或淋巴系統的毛病。也要注意生殖系統、乳癌、子宮或精囊、性病等問題。

磁場相合的星座與命格

（牡羊座．太陽）❤❤❤❤❤

（雙子座．天機）❤❤❤❤

（天秤座．巨門）❤❤❤❤

（寶瓶座．陽巨）❤❤❤❤

不想與其溝通的星座與命格

（金牛座．武殺）

（金牛座．武殺）的人重視錢，視錢如命，（射手座．太陰）的人較清高，討厭粗俗的人。

射手座＋貪狼命格的人

命運特質

（射手座‧貪狼）的人，是節氣為小雪到冬至時節的人。貪狼五行屬木，冬天生為凍木，氣勢弱。此命格的人，運氣不足，會懶洋洋，做事馬虎，草率。性格冷漠、彆扭，財運也弱一些。有時處事會對自己也不利。貪狼本是好運星，缺火，運氣會減少。

（射手座‧貪狼）的人，喜歡東跑西跑。適合做軍警武職。命格中有『火貪格』或『鈴貪格』的人，會有爆發運，能擁有大財富。命格中有貴格的人能有成就。夏天時你運氣較好，財運好。冬天財運差，運氣弱。

戀愛運

（射手座‧貪狼）的人，喜歡帶財多，性能力與幫夫運都好的配偶。自己喜歡東跑西跑，常在旅途中遇見情人。你們多半晚婚，經過多次考驗，最後能找到合意的配偶，幫助你理財及事業成功。

金錢運

（射手座‧貪狼）的人，雖然運氣還好。但財運花費大，須要打拼才會有富貴。他們很浪費，是先花費後賺錢。未必賺得到。通常家裡有點錢，父母會遺留家產給他，配偶會帶財富給他。有『火貪格』、『鈴貪格』的人會爆發大財富。若財少的人，會做薪水族過活。

事業運

（射手座・貪狼）的人，適合做軍警武職。人生容易有大成就。做文職會做文教業、出版業、印刷業，多辛苦費力，賺錢較少。火土年你們容易大發，金水年會不吉。夏天較蓬勃運氣好，在冬天萎縮伸展不開。以季節做規劃的事業能幫助你多賺錢。

健康運

（射手座・貪狼）的人，身體健康。但要注意消化系統及神經系統的毛病，心臟病、高血壓，手足的問題，和性病。生殖系統的毛病。

磁場相合的星座與命格

（牡羊座・武曲）♥♥♥♥♥

（雙子座・武貪）♥♥♥♥

（天秤座・紫微）♥♥♥♥

（寶瓶座・武相）♥♥♥♥

不想與其溝通的星座與命格

（巨蟹座・機梁）

（巨蟹座・機梁）的人，喜歡守著家裡惹是非，（射手座・貪狼）的人常在外跑，不想回家，彼此看不慣。

射手座＋巨門命格的人

命運特質

（射手座•巨門）的人，是節氣為小雪到冬至時節的人。巨門五行屬水，冬水寒涼洩弱。此命格的人，也需要火來溫暖，才能增財。他們本命的財運稍少。人生中是非多，中年怠惰。要靠口才吃飯。命格中有貴格的人，會成就大。

（射手座•巨門）的人，幼年身體差，腸胃炎或肝病隨身。某些人可能會被送人做養子，一生多坎坷。成年後命運好轉，命格高的，可做民意代表。命格中有化權的人，更能搧動民心。你們夏天運氣好，冬天運氣差。火土年會賺大錢，金水年窘困。有爆發運的人會有大富貴。

戀愛運

（射手座•巨門）的人，是戀愛高手，戀愛術超棒。完美口才說詞，會直搗黃龍命中目標。會找到會理財、美麗溫柔的配偶。配偶更為他帶來財富。人生會美滿幸福。

金錢運

（射手座•巨門）的人，財運不佳，以口才或是非糾紛吃飯，教師、律師、法官，黑道等，他們很喜歡生活享受。本命是薪水族，火土年時，有些人會爆發財富，或做詐騙集團、股票爆發而致富。金水年較窮。

事業運

（射手座•巨門）的人，只是薪水族格局。正常的事業做教師、律師、法官，高級公務員或民意代表、立法委員、牧師。有貴格的人會有大成就。其他做保險員、業務員，金融操作員、販售貨品，生活平順。黑道的人不長久。

健康運

（射手座•巨門）的人，健康尚可，幼年要小心腸胃炎，一生要小心消化系統、大腸的問題、淋巴系統、血液、尿道、及內分泌系統、淋巴癌、耳朵、心臟、便秘、痔瘡、免疫系統、甲狀腺等問題。

磁場相合的星座與命格

（牡羊座•太陽）❤❤❤❤❤

（雙子座•天機）❤❤❤❤

（天秤座•太陰）❤❤❤❤

（寶瓶座•同梁）❤❤❤❤

不想與其溝通的星座與命格

（摩羯座•武曲）

（摩羯座•武曲）的人嫉惡如仇。（射手座•巨門）的人，解釋不通，道德標準不同，彼此看不慣。

射手座＋天相命格的人

命運特質

（射手座•天相）的人，是節氣為小雪到冬至時節的人。天相屬水，冬水寒凍，水冷金寒，運氣不佳。此命格的人，須要火來暖命，故夏天會運氣好，冬天會運氣差。天相是勤勞的福星，但射手座的天相，會懶洋洋，又會東跑西跑，到處遊玩，並不努力工作。對人也會冷漠。

（射手座•天相）的人，會料理或幫助家庭重整環境及財富，會做一陣子，停一陣子。你也會在火土年較順利，財多。在金水年較困窘。你講究公平、公道，這會使你和兄弟姊妹比較而不平。雖然你的父母對你好，仍使你不平。

戀愛運

（射手座•天相）的人，外表老實忠厚，所處環境較複雜混亂，你仍然傻傻的會輕易相信大膽、誇張的人。你們喜歡會帶你去冒險的人。你迅速與情人發生關係。可能一起同居生活，可能結婚。過了一段時間，你才會了解被騙，但卻要花很大的代價逃離或離婚。

金錢運

（射手座•天相）的人，好運時會勤勞認真，努力賺錢。也能存錢儲蓄。會做料理家務、餐廳工作、會計、理財行業或金融業、清潔服務業、照顧幼兒、月子中心等行業。命格中有爆發格的人會得大財富。也會有父母留的家產。生活還算愜意。

事業運

（射手座・天相）的人，火土年工作很勤奮。金水年會較懶散，賺錢也少。此命格的人，中年會怠惰，他們有責任感，會有穩定的工作。職位雖不高，但還算負責。你們會做料理善後的工作，清潔服務業、月子中心等行業。

健康運

（射手座・天相）的人，身體健康。但要小心地中海型貧血、高血壓、頭痛、泌尿系統、膀胱、內分泌系統、糖尿病、耳朵、腎臟、淋巴系統的問題。

磁場相合的星座與命格

（牡羊座・天府）♥♥♥♥♥

（雙子座・破軍）♥♥♥♥

（天秤座・天同）♥♥♥♥

（寶瓶座・天梁）♥♥♥♥

不想與其溝通的星座與命格

（金牛座・武殺）

（金牛座・武殺）的人性格強勢，自有行事風格，（射手座・天相）的人與他不合看不慣。

射手座＋天梁命格的人

命運特質

（射手座•天梁）的人，是節氣為小雪到冬至時節的人。天梁五行屬土，為凍土，洩弱。故此命格的人，有些氣勢弱。會對人蔭庇不足，對自家的環境也會復建不足了。你也會遇事閃躲。

（射手座•天梁）的人，有『陽梁昌祿格』貴格的人，會有高學歷及大成就。命宮在巳、亥宮居陷的人，會東跑西跑、浪蕩天涯。你們都會在夏天運氣好，在火土年走好運。有爆發格的人會有大富貴。在金水年和冬天運氣不佳，也會財窮，工作不努力。天梁的人必須靠名聲大好才會有成功機會。所以你必須要把握火土年的時機好好努力奮發，否則機會會錯過。

戀愛運

（射手座•天梁）的人，你常有戀愛糾紛，或有多角戀愛糾纏。你們口才好，也喜歡和言詞犀利的人相較量，才會棋逢對手。婚後耳根不清靜有點傷腦筋。常爭吵不完。

金錢運

（射手座•天梁）的人，財運是薪水族的財運。你必需有『陽梁昌祿格』的貴格，或『武貪格』、『火貪格』、『鈴貪格』等爆發格，這樣才會揚名天下，

紫微＋火象星座

算命更準！

有大富貴。沒有爆發格或貴格的人，只能求溫飽而已。衣食是無憂的。

事業運

（射手座・天梁）的人，做文職，武職皆佳。你們天生有上天保佑的蔭疪，可有參加國家考試傳臚第一名的機遇，天生會讀書考試。做軍警職，你是有儒將風範的將軍。有貴格的人會做科技業高階主管或老闆。有爆發運的人會爆發事業及財富，得大富貴。你們適合所有的行業，如教書、慈善業、醫療業、護理師、廟公、寫作、軍警、科技等。

健康運

（射手座・天梁）的人，身體好。但要小心脾胃問題、肺部、支氣管炎、感冒、大腸、糖尿病、免疫能力等問題。

磁場相合的星座與命格

（牡羊座・太陽）♥♥♥♥

（雙子座・太陰）♥♥♥

（天秤座・機巨）♥♥♥♥

（寶瓶座・天同）♥♥♥

不想與其溝通的星座與命格

（金牛座・同巨）

（金牛座・同巨）的人性格頑固，是非多，愛抱怨。（射手座・天梁）的人討厭囉嗦不停，彼此看不慣。

射手座＋七殺命格的人

命運特質

（射手座‧七殺）的人是節氣為小雪到冬至時節的人。七殺屬金，水凍金寒。此命格的人，決斷性更強，很酷，對人冷淡。平常懶得理人，沒興趣的事也不理會。喜歡東跑西跑，自由過日子。有興趣的事肯負責任，肯擔當。你須要火來暖命，多穿紅色、土色衣物用品會心情好，做事奮發。

（射手座‧七殺）的人，喜愛物質享受。運氣好時，會對工作非常打拼，能賺大錢做大事。你們還有爆發運，也能幫你得到大財富。金水運的運氣不佳時，要小心身體受傷、開刀，及肺部與大腸的病變。

戀愛運

（射手座‧七殺）的人，會在路上或旅遊中遇到戀愛對象。戀愛速戰速決，結婚也很快，不會拖拖拉拉的糾纏。如果不合，要分手時也會很乾脆，不拖泥帶水。此命格的人配偶運極佳，生活很幸福美滿。

金錢運

（射手座‧七殺）的人，財運極佳。愛東跑西跑、愛賺錢，賺錢的方式像略奪一樣，也像將軍出征，橫掃沙場。你們對金錢有敏感力，收入大都不錯。

此命格的人火土年財運特佳，還有爆發運，會為他們創造大財富。父母也會給大筆財產，終身富足。

事業運

（射手座・七殺）的人，有貴格的人少，是以富增貴的人。你們對錢財的嗅覺靈敏，又肯於努力打拼。做軍警職業能立大功賺到大財富與地位。文職較不富。做商人，愛競爭，能賺到大財富。有爆發運的人適合買樂透中獎致富。

健康運

（射手座・七殺）的人，兒時身體差，常感冒，易生病。長大就好了。但要小心很多傷災、車禍及開刀，還有大腸、肺部，支氣管炎、免疫能力等的問題。

磁場相合的星座與命格

（牡羊座・武府）❤❤❤❤❤

（雙子座・紫府）❤❤❤❤

（天秤座・天府）❤❤❤❤

（寶瓶座・紫殺）❤❤❤❤

不想與其溝通的星座與命格

（天蠍座・火星）

（天蠍座・火星）的人超聰明、智商高，厭惡笨人。（射手座・七殺）的人對此很氣，彼此看不慣。

射手座＋破軍命格的人

命運特質

（射手座・破軍）的人，是節氣為小雪到冬至時節的人。破軍五行屬水，較陰寒。須火來暖命。此命格的人，個性也反覆不定，會東跑西跑，對人冷漠。喜歡疑神疑鬼，且說話狂妄。破軍是耗星，會消耗錢財與健康。

（射手座・破軍）的人，常是開創的格局的人，喜歡創業，也是改變或破壞制度的第一人。常膽大包天。命格中有貴格的人少。若有文昌、文曲，反而是窮儒色彩的人，會終身窮困。若有爆發運的人會大起大落。也能得大富貴。傷災和病痛是你要注意的問題。

戀愛運

（射手座・破軍）的人，是戀愛老手，喜歡不正規的愛情。他們會把戀愛搞得轟轟烈烈，但結果也未必佳。他們毫不考慮現實的狀況，不在乎世俗的眼光，也不在乎社會規範。即使分手，也快速快決，不拖泥帶水。

金錢運

（射手座・破軍）的人，夏天財運好，冬季財運差。火土年財運好，金水年財運差。財運有起伏。金錢運過得去。

做軍警武職較平順，做文職會窘困。有爆發運的人會得大財富。少創業為佳。

事業運

（射手座‧破軍）的人，工作上有好運，做軍警武職較佳，要立戰功，才會有大富貴。開工廠品項雜亂、複雜多變的工作，很能勝任。你們常要東奔西走、勞碌奔波，要動才有財進。火土年戰鬥力旺盛，耗財多，享受也多。有爆發運的人具大成就。金水年會困頓。

健康運

（射手座‧破軍）的人，大致健康。小時頭臉破相，中年要小心傷災、車禍、開刀等事。因為必有一破，破在健康。也要小心淋巴癌、泌尿系統、內分泌系統、糖尿病等的問題。

磁場相合的星座與命格

（牡羊座‧紫相）❤❤❤❤❤

（雙子座‧天相）❤❤❤❤

（天秤座‧天同）❤❤❤❤

（寶瓶座‧七殺）❤❤❤❤

不想與其溝通的星座與命格

（雙魚座‧同巨）

（雙魚座‧同巨）的人情緒多變，口舌是非多，（射手座‧破軍）的人討厭小聰明的人，彼此看不慣。

射手座＋祿存命格的人

命運特質

（射手座‧祿存）的人，是節氣為小雪到冬至時節的人。祿存五行屬土，生在冬季土會洩弱虛浮。此命格的人，雖有『小氣財神』的封號，但實際會財運較弱。必須遇到火土年，才會財運旺。

（射手座‧祿存）的人，因有『羊陀相夾』的關係，容易有被受欺負的感覺。冬天時他們會懶洋洋提不起勁。通常人際關係不好，有很深的自卑感。此命格的人，只顧自己的衣食之祿，是吝嗇節儉的人。有『陽梁昌祿格』的人，會有高學歷及成就。普通人就只有衣食之祿了。

戀愛運

（射手座‧祿存）的人，常因為吝嗇不結婚，怕養妻兒。平常一毛不拔，也不追求異性，怕出飲食遊玩的費用。他們多半相親結婚。婚後多半不和睦。常為錢財吵架打架。他們是名符其實的守財奴。除非你能幫忙養家。

金錢運

（射手座‧祿存）的人，最愛的只有錢。常因為吝嗇與家人不睦，不重視親情與人際關係。生活節儉，之後還能得到父母的遺產。此命格的人在冬季更吝嗇。有時冬季會財窮自殺。夏季會勤奮努力，愛賺錢。有貴格的人，賺錢也容易一些。

事業運

（射手座・祿存）的人，喜歡東跑西跑，做外勤工作很適合。會有專精的手藝及專業知識，他們不論職位高低，都會忠於職守，不會輕易的請假。因為他愛錢甚於一切。又特別固執，薪水和職位都不高，會堅持在崗位上到很老，是老闆心目中稱職又便宜的員工。

健康運

（射手座・祿存）的人，幼年身體弱，常生病。青少年變好。他們多半大腸、脾胃不好，幼年常感冒，因此要小心肺部、氣管、大腸、頭部、免疫能力的毛病。

磁場相合的星座與命格

（牡羊座・紫府）♥♥♥♥♥

（雙子座・天相）♥♥♥♥

（天秤座・武相）♥♥♥♥

（寶瓶座・紫貪）♥♥♥♥

不想與其溝通的星座與命格

（雙子座・貪狼）

（雙子座・貪狼）的人任性花錢不手軟，（射手座・祿存）的人覺得心疼不已，彼此看不慣。

射手座＋擎羊命格的人

命運特質

（射手座•擎羊）的人，是節氣為小雪到冬至時節的人。擎羊五行屬金，水冷金寒，擎羊會更兇、更銳利。此命格的人，若遇火土運，會運氣好，也會柔和一點。金水運會窮兇極惡，加倍兇殘。平常他們一點虧都不吃，喜與人競爭，喜歡記恨報復。

（射手座•擎羊）的人，喜歡東跑西跑，停不下來。他們有不服輸的性格。有『陽梁昌祿』貴格的人會有大成就。有『馬頭帶箭格』的人，能做大將軍，能威震邊疆，在軍警業稱雄。一般命格的人做與刀劍行業、外科醫生、救難隊、與血光有關的醫療業都很適合。更有人在法院、監獄工作，或做喪葬業、遺體化粧師等工作。

戀愛運

（射手座•擎羊）的人，會用盡手段來得到情人。會愛到發狂、死纏爛打，常是恐怖情人，也會變態的虐待情人或殺害情人。一般人的戀愛運有好有壞。

金錢運

（射手座•擎羊）的人，財運經常不順。常耗財多。生活起伏大，總有拮据困頓的時候，有些人會不工作，做啃老族。也有做黑道或流氓搶錢。有些人也會有爆發運能發大財。

事業運

（射手座‧擎羊）的人，做軍警業、或三刀及三師都很強。如理髮師、廚師、剪裁師，或外科醫生、醫療、寵物醫療、開刀有關的行業，會賺到錢。做文職主窮困。你們所做的行業大都是競爭厲害或血光嚴重的行業。

健康運

（射手座‧擎羊）的人，幼年難養，長大後強壯。你出生時母親出血多，或生子而亡。要小心車禍、外傷、頭面破相，眼睛不好，易生肝病和腎病，也會有癌症，容易有開刀現象，肺部、大腸，免疫能力等問題。

磁場相合的星座與命格

（牡羊座‧天同）❤❤❤❤❤
（雙子座‧廉相）❤❤❤❤
（天秤座‧天相）❤❤❤❤
（寶瓶座‧紫微）❤❤❤❤

不想與其溝通的星座與命格

（牡羊座‧天府）

（牡羊座‧天府）的人也怕被劫財，（射手座‧擎羊）的人對財星有刑剋，兩種人價值觀不同，彼此看不慣。

射手座＋陀羅命格的人

命運特質

（射手座•陀羅）的人，是節氣為小雪到冬至時節的人。陀羅五行屬辛金，水冷金寒，運氣稍弱。此命格的人，會性格懶洋洋，又喜歡東跑西跑。做事粗魯，會笨。會有精神上的問題。有自我有精神折磨。

（射手座•陀羅）的人，他們容易相信陌生人，不相信自家人，一生是非多，常暗中行惡事害人、騙人，品行不佳、還會記恨報復。他們適合做軍警業，可立戰功成就大富貴。他們也有爆發運，可發富。其人必須離家發展，才會展開新人生。

戀愛運

（射手座•陀羅）的人，婚姻也不順，會拖拖拉拉，戀愛多是非，不易結婚。婚後也不幸福，夫妻會相互打架吵架。他們常同居不婚。也時常家暴離婚。最佳伴侶是擎羊坐命者。

金錢運

（射手座•陀羅）的人，財運差，工作會拖延，也會遭到老闆晚發薪水或拖欠薪水。運氣極糟。做軍警業由國家發薪會平順。你還有爆發運可發大財。或成就大事業。

事業運

（射手座‧陀羅）的人，只有做軍警業才會穩定。做文職會窮困，失業。命格陰者會做墓園、喪葬業者，或撿骨師。工作斷斷續續，工作是會有一票沒一票的做著。倘若你有爆發運時，會出人頭地，得大富貴。此命格的人頭腦不清，有時會吸毒品或強力膠，又犯案，是警察頭痛的人物。

健康運

（射手座‧陀羅）的人，健康還好，但頭面有破相，有牙齒的傷害、手足傷，肺部、氣管、大腸、免疫系統有問題，也易生癌症。還有皮膚病或身上長瘤。

磁場相合的星座與命格

（牡羊座‧天同）❤❤❤❤❤
（雙子座‧廉相）❤❤❤❤
（天秤座‧紫微）❤❤❤❤
（寶瓶座‧同梁）❤❤❤❤

不想與其溝通的星座與命格

（雙子座‧天機）☃

（雙子座‧天機）的人自認聰明才智高，驕傲不搭理人。（射手座‧陀羅）的人自殘形穢，彼此看不慣。

如何算出你的偏財運

法雲居士⊙著

這是一本讓您清楚掌握人生運程高潮的書，
讓您輕而易舉的獲得令人欽羨的事業和財富。
您有沒有偏財運？偏財運會改變您的一生！
您在何時會有偏財運？如何幫助引爆偏財運？
偏財運的禁忌？以上種種的問題，
在此書中您將會清楚地獲得解答。

法雲居士集二十年之研究經驗，利用科學命理的方法，教您準確地算出自己偏財運的爆發時、日。若是您曾經爆發過好運，或是一直都沒有好運的人，要贏！要成功！一定要看這本書！為自己再創一個奇蹟！

法雲居士⊙著

這是一本教您如何利用『時間』來改變自己命運的書！旺運的時候攻，弱運的時候守，人生就是一場攻防戰。這場仗要如何去打？
為什麼拿破崙在滑鐵盧之役會失敗？
為什麼盟軍登陸奧曼第會成功？
這些都是『時間』這個因素的關係！
在您的命盤裡有哪些居旺的星？
它們在您的生命中扮演著什麼樣的角色？
它們代表的是什麼樣的時間？在您瞭解這些隱藏的契機之後，您就能掌握成功，登上人生高峰！

如何掌握婚姻運

法雲居士⊙著

在全世界的人口中，只有三分之一的人，婚姻幸福美滿的人，可以掌握到婚姻運。這和具有偏財運命格之人的比例是一樣的，你是不是很驚訝！
婚姻和事業是人生主要的兩大架構。掌握婚姻運就是掌握了人生中感情方面的順利幸福，這是除了錢財之外，人人都想得到的東西。誰又是主宰人們婚姻運的舵手呢？

婚姻運會影響事業運，可不可能改好呢？
每個人的婚姻運玄機都藏在自己的紫微命盤之中，法雲居士以紫微命理的方式，幫你找出婚姻運的癥結所在，再以時間上的特性，教你掌握自己的婚姻運。並且幫助你檢驗人生和自己ＥＱ的智商，從而發展出情感、財利兼備的美滿人生！

紫微格局看理財

法雲居士⊙著

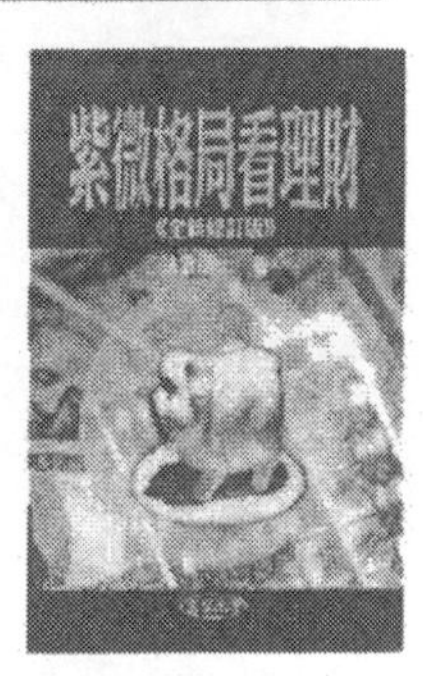

『理財』就是管理錢財，必需愈管愈多！因此，理財就是賺錢！每個人出生到這世界上來，就是來賺錢的，也是來玩藏寶遊戲的。

每個人都有一張藏寶圖，那就是您的紫微命盤！一生的財祿福壽全在裡面了。
同時，這也是您的人生軌跡。玩不好藏寶遊戲的人，也就是不瞭解自己人生價值的人，是會出局，白來這個世界一趟的。
因此您必須全神貫注的來玩這場尋寶遊戲。

『紫微格局看理財』是法雲居士用精湛的命理推算方式，引領您去尋找自己的寶藏，找到自己的財路。並且也教您一些技法去改變人生，使自己更會賺錢理財！

VENUS PUBLISHING CO.
金星出版
命理生活新智慧・叢書